essentials

*Essentials* liefern aktuelles Wissen in konzentrierter Form. Die Essenz dessen, worauf es als „State-of-the-Art" in der gegenwärtigen Fachdiskussion oder in der Praxis ankommt. *Essentials* informieren schnell, unkompliziert und verständlich

- als Einführung in ein aktuelles Thema aus Ihrem Fachgebiet
- als Einstieg in ein für Sie noch unbekanntes Themenfeld
- als Einblick, um zum Thema mitreden zu können

Die Bücher in elektronischer und gedruckter Form bringen das Fachwissen von Springerautor*innen kompakt zur Darstellung. Sie sind besonders für die Nutzung als eBook auf Tablet-PCs, eBook-Readern und Smartphones geeignet. *Essentials* sind Wissensbausteine aus den Wirtschafts-, Sozial- und Geisteswissenschaften, aus Technik und Naturwissenschaften sowie aus Medizin, Psychologie und Gesundheitsberufen. Von renommierten Autor*innen aller Springer-Verlagsmarken.

Ulrike Lehmann

# Creative Leadership

## Was Führungskräfte von Künstlern wie Picasso lernen können

Ulrike Lehmann
Düsseldorf, Deutschland

ISSN 2197-6708 ISSN 2197-6716 (electronic)
essentials
ISBN 978-3-658-51584-3 ISBN 978-3-658-51585-0 (eBook)
https://doi.org/10.1007/978-3-658-51585-0

Die Deutsche Nationalbibliothek verzeichnet diese Publikation in der Deutschen Nationalbibliografie; detaillierte bibliografische Daten sind im Internet über https://portal.dnb.de abrufbar.



Springer Gabler ist ein Imprint der eingetragenen Gesellschaft Springer Fachmedien Wiesbaden GmbH und ist ein Teil von Springer Nature.
Die Anschrift der Gesellschaft ist: Abraham-Lincoln-Str. 46, 65189 Wiesbaden, Germany

# Was Sie in diesem *essential* finden können

- Warum Creative Leadership heute notwendig ist
- Was ein Creative Leader ausmacht
- Was Künstler wie Picasso den Führungskräften voraus haben
- Wie künstlerisches Denken zu Innovationen führt
- Welche Kreativitätstechniken Managern und ihren Teams helfen, neue Ideen zu entwickeln
- Wo Künstlerische Führung in der Unternehmenswelt bereits praktiziert wird

# Geleitwort

*„In der Kunst kommt die Praxis immer vor der Theorie."* Das hat Pablo Picasso einmal gesagt. Genau das Gleiche gilt auch für Innovation und Führung im 21. Jahrhundert. Theorie läßt nichts Konkretes entstehen. Erst nur wer ins Machen kommt, kann wirklich etwas verändern.

Wobei beim ersten Pinselstrich eines Künstlers noch nicht klar ist, wohin das mal führt. Deshalb ist „Creative Leadership. Was Manager von Künstlern wie Picasso lernen können" eines der ersten Leadership-Bücher, das Management mit künstlerischem Denken vereint. Es lädt Sie ein, Management nicht als Kontrollhandwerk zu begreifen, sondern als Kunstform. Eine Kunstform, die Mut braucht, Experimentierfreude, Neugier – und die Fähigkeit, Fehler nicht als Schwäche, sondern als Rohstoff für Fortschritt zu sehen.

Als Innovationsexperte habe ich in den letzten zwanzig Jahren viele Unternehmen begleitet, die mitten in Transformationen steckten. Ich habe Vorstände gesehen, die verzweifelt nach Plänen suchten, die jede Unsicherheit ausschalten. Und ich habe Teams erlebt, die ihre Energie genau dann entfalteten, wenn sie frei waren, zu improvisieren und Neues zu wagen. Eines hat sich dabei immer wieder bestätigt: Innovation folgt selten einem linearen Plan. Sie braucht offene Räume, spielerisches Denken – und eine Haltung, die eher an Künstler erinnert als an Controller.

Was Dr. Ulrike Lehmann in diesem Buch leistet, ist deshalb so spannend: Sie übersetzt die Denk- und Arbeitsweisen großer Künstler – allen voran Picasso – in die Welt der Führung und Organisation. Sie zeigt, wie künstlerische Prinzipien helfen, Komplexität nicht nur auszuhalten, sondern in Energie zu verwandeln. Statt „Dienst nach Vorschrift" entsteht Lust am Gestalten. Statt Angst vor Fehlern: die Freiheit zum Experiment.

Dieses Buch ist kein weiteres Change-Manual, das auf hundert Seiten erklärt, wie man Silos abbaut. Es ist ein Impulsgeber. Ein Kompass für Führungskräfte, die erkannt haben: Die Herausforderungen von heute sind nicht mit den Werkzeugen von gestern zu meistern.

Mein Tipp: Lesen Sie die kommenden Kapitel nicht wie eine To-Do-Liste, sondern wie eine Einladung. Lassen Sie sich inspirieren. Nehmen Sie die Perspektive eines Künstlers ein, der den ersten Strich auf einer leeren Leinwand setzt. Denn genau dort beginnt Zukunft: im Mut, das Unfertige zuzulassen – und im Vertrauen, dass daraus etwas entsteht, das größer ist als jede Planung.

Malen Sie sich aus, wie erfolgreich Ihre Zukunft dann sein wird.

Gerriet Danz
Innovationsexperte und Speaker

# Geleitwort

Wir sprechen heute so oft von „The Art of Life", doch in Wahrheit haben wir uns längst in „The Art of Excel" verirrt. Alles wird gemessen, bewertet, optimiert. Dabei haben wir etwas verloren, das in der Welt der Kunst unverzichtbar ist: die Einfachheit. Die Fähigkeit, klar zu sehen, was wirklich trägt, und den Mut zu haben, alles Überflüssige wegzulassen.

Ein Bild, das mir immer wieder vor Augen steht, ist das „Lego-Brücken-Experiment" des Wissenschaftlers Leidy Klotz. Erwachsene sollten in diesem Test eine Lego Brücke stabilisieren, welche an der linken Seite 3- und an der rechten 4 Steine trug. 88 % der Erwachsenen fügten einen weiteren Stein hinzu! Uns wurde gelernt, dass mehr immer besser ist, während sich eine Reduktion wie ein Verlust anfühlt, auch wenn mit erhöhten Ressourcenverbrauch und Statik-Problemen einhergeht. Nur 12 % von uns dachten daran, etwas zu entfernen. Die Kunst zeigt uns jedoch: Nur wer reduziert, erkennt plötzlich, was wirklich nötig ist.

Das gelebte Konzept des Creative Leadership kann für Führungskräfte das Gegenmittel beinhalten. Das bedeutet nicht, alles zu optimieren oder zu erweitern, sondern den Mut zu haben, dem Wesentlichen Raum zu geben.

Am Ende geht es um die Fähigkeit, ins freie Spiel zurückzukehren. Dieses selbstverständliche, schöpferische Tun, das uns als Kinder zu Giganten machte. Wir waren furchtlos im Ausprobieren, reich an Fantasie. Die Kunst – und die Kunst der Führung – besteht darin, genau diese Größe wiederzufinden. Wir waren alle schon mal so viel schlauer.

Christian Wehner

Spiegel Bestseller Autor von „Alles was du im Leben wissen musst, hast du schon im Kindergarten gelernt", freiberuflicher Redner und Senior Director Innovation Strategy bei SAP.

# Vorwort

Wir leben in einer Zeit, in der sich die Welt – und damit auch die Unternehmen – schneller verändert als je zuvor. Digitale Transformation, der demografische Wandel, Klimawandel, geopolitische Spannungen und die allgegenwärtige Präsenz künstlicher Intelligenz stellen Führungskräfte vor Herausforderungen, die mit klassischen Managementmethoden kaum mehr zu bewältigen sind. Planung, Kontrolle und reine Effizienzoptimierung stoßen an ihre Grenzen, wenn Märkte unvorhersehbar, Systeme komplex und Sicherheiten brüchig geworden sind. Während das klassische Management versucht, die Vergangenheit zu verlängern und Mitarbeiter den Satz aussprechen: „Wir machen das so, wie wir es immer schon gemacht haben", nutzt Creative Leadership die Gegenwart, um eine neue Zukunft zu entwerfen und Innovationen zu ermöglichen.

Die Führungskultur wandelt sich von VUCA zu BANI – von Volatilität, Unsicherheit, Komplexität und Ambiguität hin zu einer Welt, die brüchig, ängstlich, nichtlinear und unverständlich geworden ist.

Doch gerade inmitten dieser Unsicherheit liegt eine Chance im Change: der Mut, *Führung neu zu denken*. An dieser Stelle setzt das Konzept des Creative Leadership an. Es lädt dazu ein, Führung nicht länger als die Verwaltung von Stabilität zu verstehen, sondern als die kreative Gestaltung von Wandel. Das künstlerische Paradigma – geprägt von radikaler Neugier, Offenheit, Experimentierfreude und dem Vertrauen in den schöpferischen Prozess – wird zum entscheidenden Schlüssel für eine zukunftsfähige Führungskultur. Was Künstlerinnen und Künstler seit jeher beherrschen – das Navigieren im Unbekannten und das Denken in Para-

---

Aus Gründen der besseren Lesbarkeit habe ich auf die gleichzeitige Verwendung der Sprachformen männlich, weiblich und divers (m/w/d) verzichtet. Sämtliche Personenbezeichnungen gelten gleichermaßen für alle Geschlechter.

doxien –, müssen wir heute in die Boardrooms und Werkshallen tragen. Nichtlineares Denken ist, das, was KünstlerInnen bestens beherrschen.

Die bildende Kunst ist eine der innovativsten Branchen. Daher ist sie so anschlussfähig an die Wirtschaft.

Basierend auf empirischen Beobachtungen und theoretischen Erkenntnissen aus Kunst, Psychologie und Managementlehre wird aufgezeigt, wie die Integration künstlerischer Prinzipien in Führungsprozesse Innovationskraft steigert, Anpassungsfähigkeit fördert und nachhaltige Wettbewerbsvorteile schafft.

Die Kunst zeigt uns, dass Innovation nicht im Perfektionismus entsteht, sondern im Ausprobieren, im Scheitern, im Mut, neu zu beginnen. Sie erinnert uns daran, dass Originalität und Transformation Hand in Hand gehen. Pablo Picasso steht hier als Symbolfigur und „Role Model" für ein Denken, das vertraute Grenzen überschreitet und den Blick auf das Unmögliche richtet, um Neues möglich zu machen.

Wo früher einzelne Symbolfiguren der Kunstgeschichte als einsame Genies galten, verstehen wir heute: Die Fähigkeit zur visionären Grenzüberschreitung ist eine strategische Disziplin. Creative Leadership macht diese Prinzipien für die Wirtschaft nutzbar. Von modernen Tech-Giganten wie Bosch bis hin zu den historischen Wurzeln der Medici-Familie – die Analyse zahlreicher Praxisbeispiele verdeutlicht: **Kreativität** ist heute mehr denn je kein Talent, sondern eine Haltung. Sie ist die Voraussetzung für Innovationen. Sie ist kein *nice to have,* sondern ein *must have.*

Dieses Buch ist keine abstrakte Theorie, sondern ein Manifest für Macher. Es richtet sich an jene Führungskräfte, Manager und Unternehmer, die bereit sind, ihre Organisationen nicht nur durch Kennzahlen, sondern durch Inspiration, Vorstellungskraft und Mut zu steuern.

Mein persönlicher Wunsch ist, dass wir eine Arbeitswelt schaffen, in der eine neue Vision Wirklichkeit wird: Dass Unternehmen ihre Mitarbeiter nicht wegen der Künstlichen Intelligenz entlassen, sondern sie wegen ihrer **Künstlerischen Intelligenz** fördern und halten. Wenn uns dieser Paradigmenwechsel gelingt, entfachen wir ein Feuerwerk an Ideen, das weit über die nächste Quartalsbilanz hinausstrahlt. Damit sind Innovationen garantiert.

Willkommen in der Welt des Creative Leadership.

Ich danke allen ganz herzlich, die mich seit Jahren begleitet und an mich geglaubt haben, die meine intensiven Bemühungen, mit Kunst die Kreativität und Kommunikation in Unternehmen zu fördern, unterstützt haben.

Ganz herzlichen Dank auch an die Betreuer dieses Buchprojekts im Springer Gabler Verlag, allen voran Stefanie Winter und Srilakshmi Sriraman. Ich freue mich, dass wir nun – nach dem Buch „Wirtschaft trifft Kunst. Warum Kunst Unternehmen gut tut" das zweite Buch im Springer Gabler Verlag auf den Weg gebracht haben.

Ulrike Lehmann

# Inhaltsverzeichnis

# Über die Autorin

**Dr. Ulrike Lehmann** ist eine der führenden ExpertInnen für Kreativität und Kommunikation durch Kunst in Unternehmen. Sie vereint eine außergewöhnliche Mischung aus wissenschaftlicher Kompetenz, kunsthistorischem Hintergrund und unternehmerischer Praxis.

Sie ist promovierte Kunsthistorikerin, zertifizierte Systemische Business Coach und Speakerin. Sie arbeitete viele Jahre als leitende Kuratorin in großen Kunstmuseen und als Leiterin zweier PR-Abteilungen in Organisationen. Mit eigener Führungserfahrung und langjähriger Arbeit an der Schnittstelle von Kunst und Wirtschaft verbindet sie ihre Expertise aus Theorie und Praxis zu einem einzigartigen Ansatz für Leadership im 21. Jahrhundert. Seit 2012 inspiriert sie Führungskräfte und Teams in Unternehmen, mit künstlerischem Denken Zukunft zu gestalten.

2025 erhielt sie den Business Innovator Award vom diind und den Internationalen Speaker Slam Award.

**Website:** https://ulrike-lehmann.de/
**Email:** kontakt@ulrike-lehmann.de

# Einleitung: Die Krise des traditionellen Managements



Die Geschäftswelt des 21. Jahrhunderts konfrontiert Führungskräfte mit beispiellosen Herausforderungen. Digitale Transformation, demografischer Wandel, Klimakrise und eine zunehmend vernetzte, aber unvorhersagbare globale Wirtschaft haben die Spielregeln fundamental verändert. In diesem Kontext erweisen sich traditionelle Managementansätze, die auf Planung, Kontrolle und Optimierung basieren, als zunehmend inadäquat.

Die Unternehmensberaterin Constanze Holzwarth (2017) bringt diese Problematik auf den Punkt: „Manager müssen heute ihre Denkmuster, Lösungsansätze und Strategien aus der Vergangenheit überdenken und erkennen, welche sich überholt haben. Viele Erfolgsrezepte der Vergangenheit sind inzwischen kontraproduktiv."

Diese Erkenntnis wird durch empirische Daten untermauert. Der Innovationsindikator 2023 des Bundesverbandes der Deutschen Industrie e. V. (BDI) und Roland Berger Holding GmbH

& Co. KgaA (Hrsg.). (2024) zeigt alarmierend auf, dass Deutschland trotz seiner traditionellen Innovationsstärke auf Platz 10 verharrt, ein deutliches Zeichen für den strukturellen Innovationsnotstand: „Stabil, aber zu wenig dynamisch – so lässt sich Deutschlands Innovationssystem im Ergebnis des aktuellen Innovationsindikators 2023 beschreiben. Im Vergleich der 35 Volkswirtschaften liegt Deutschland mit 45 von 100 möglichen Punkten auf Platz 10 des Gesamtrankings." Und der Innovationsreport der Deutschen Industrie und Handelskammer (DIHK) (2023) zeigt eine rasant abwärtslaufende Linie im Hinblick auf die Zahlen der Unternehmen in Deutschland, die überhaupt noch Innovationsaktivitäten aufweisen (siehe Abb. 1.1):



U. Lehmann, *Creative Leadership*, essentials,
https://doi.org/10.1007/978-3-658-51585-0_1

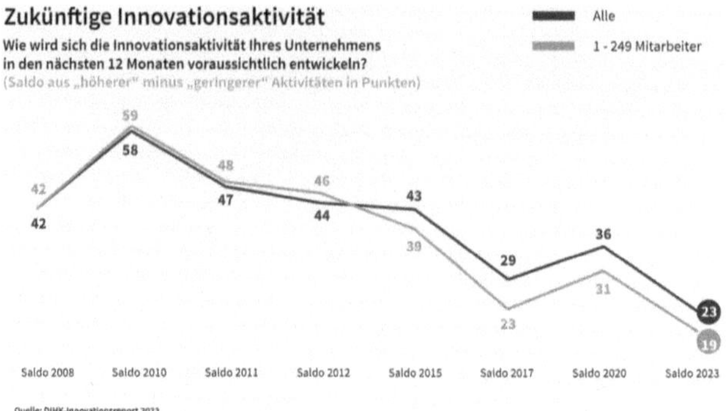


**Abb. 1.1.** Grafik zu Innovationsreport 2023 der DIHK

Die anhaltenden Krisen und das damit verbundene schwierige wirtschaftliche Fahrwasser haben erhebliche Auswirkungen auf deutsche Unternehmen – und insbesondere auch auf deren Innovationsleistung. Deutsche Firmen möchten so wenig wie nie zuvor in Innovationen investieren. Wollten bei der letzten Befragung vor drei Jahren noch knapp die Hälfte der Unternehmen ihre Innovationsaktivitäten ausweiten, beträgt der Anteil heute nur noch 38 %. 15 % der Betriebe in Deutschland wollen sogar in den kommenden zwölf Monaten ihre Innovationsaktivitäten verringern, 38 % planen mit unveränderten Aktivitäten.

Diese Entwicklung ist nicht nur statistisch relevant, sondern birgt existenzielle Risiken für die deutsche Wirtschaft. In einer Zeit, in der disruptive Technologien und Geschäftsmodelle ganze Branchen transformieren, wird die Fähigkeit zur kontinuierlichen Innovation zum entscheidenden Überlebensfaktor. Unternehmen, die sich zu sehr auf Effizienzoptimierung konzentrieren und dabei Exploration und Kreativität vernachlässigen, laufen Gefahr, von agileren Wettbewerbern überholt zu werden.

Durch die zunehmende Präsenz von künstlicher Intelligenz (KI) und Robotern fühlen sich viele Menschen nicht mitgenommen, nicht mehr gebraucht. Sie lehnen daher in ihrem Überlebenskampf die Wege zu Neuerungen ab, empfinden Veränderungen als Bedrohung, haben Angst und suchen nach Stabilität, Sicherheit, Vertrautheit. Zögerlichkeit und Angst sind jedoch die größten Verhinderer von Innovationen. Das Gefühl der Überforderung wächst und die Innovationskraft schwindet.

Um diesem Gefühl entgegenzuwirken, sind Führungskräfte aufgefordert, die Mitarbeiterinnen und Mitarbeiter „mitzunehmen" und ihnen das Gefühl von Sicherheit und Stabilität zu vermitteln. Sie brauchen Ziele, für die es sich lohnt, nach vorne zu blicken und mitanzupacken. Insofern wird ein humanzentrierter und ethischer Führungsstil gebraucht, der von Empathie gekennzeichnet ist und den Einzelnen mit seinen Bedürfnissen, Neigungen, Fähigkeiten und Kompetenzen im Blick hat. Führung neu denken heißt, einen Führungsstil zu entwickeln, der sowohl die wichtigsten Soft Skills im Blick hat, als auch Kreativität und Innovationen beinhaltet.

Unternehmen, die innovativ werden und sein wollen, brauchen ein Klima, das nicht defizitgesteuert ist und Angst schürt, sondern ressourcenorientiert vorgeht. Welche Ressourcen und Potenziale haben meine Mitarbeiter? Welche Ressourcen und Potenziale hat das Unternehmen? Welche können noch aufgebaut und verbessert werden? In einem Klima, das den Einzelnen wertschätzt und ihn in seinem Sosein respektiert, kann eine Kultur des Mutes erwachsen. **Mut ist die Voraussetzung für Kreativität, und Kreativität ist die Voraussetzung für Innovationen. Mutige Führungskräfte können auch besser Entscheidungen treffen.**

In Zeiten des disruptiven Wandels und der digitalen Transformation ist eine „kreative Revolution" (von Mutius, 2016). angebracht, um schöpferisch und gestalterisch damit umzugehen. Hierfür sind kreative Potenziale aller Führungskräfte, Manager und Mitarbeiter gefragt, die es hervorzulocken und zu aktivieren gilt. Dafür braucht es eine künstlerische Führung, die sich die Fähigkeiten und kreativen Qualitäten der Künstler aneignen und ihren Mitarbeitern weitergeben: „Innovative Unternehmen zeichnen sich dadurch aus, dass sich alle Mitarbeiter für Innovationen verantwortlich fühlen. Dafür braucht es auch Strukturen (…) und Trainings, die den Mitarbeitern das notwendige know how und kreative Zuversicht vermitteln." (Naughton und Steinle, 2020, S. 45). Letztlich geht es also darum, „die Kreativität in die richtige Richtung zu lenken" (Naughton und Steinle, 2020, S. 44.) und den Wandel in der komplexen Zeit zu gestalten.

Schweickhard (2025) spricht auf ähnliche Weise von der Komplexitätsbereitschaft und Komplexitätskompetenz: „Komplexität ist nicht planbar, aber gestaltbar. Wer nur den `einen besten Weg´ sucht, wird wahrscheinlich scheitern. Wer in Alternativen denkt, gewinnt Handlungsspielräume und Sicherheit im Prozess."

Hier setzt die **Strategie des Creative Leaderships** an: Sie propagiert einen Paradigmenwechsel von der kontrollierten Verwaltung hin zur kreativen Gestaltung, von der linearen Planung hin zum experimentellen Prozess, von der hierarchischen Kontrolle hin zur inspirierenden Führung. Dieser Ansatz basiert auf der fundamentalen Erkenntnis, dass die Komplexität und Unvorhersagbarkeit der modernen Wirtschaftswelt Führungsqualitäten erfordern, die traditionell eher Künstlern als Managern zugeschrieben werden.

# Theoretische Grundlagen: Von der Managementtheorie zur Kunstphilosophie

**2**

## 2.1 Die Grenzen des rationalen Managements

Das traditionelle Management basiert auf den Prinzipien der wissenschaftlichen Betriebsführung, wie sie Frederick Winslow Taylor zu Beginn des 20. Jahrhunderts entwickelte. Diese Ansätze waren in einer stabilen, vorhersagbaren Industriegesellschaft durchaus erfolgreich. Sie beruhten auf der Annahme, dass Geschäftsprozesse rational planbar, messbar und optimierbar sind.

In der VUCA-Welt des 21. Jahrhunderts stoßen diese Prinzipien jedoch an fundamentale Grenzen:

**Volatilität** macht langfristige Planungen obsolet, da sich Marktbedingungen und Kundenanforderungen in immer kürzeren Zyklen ändern.

**Unsicherheit** erschwert rationale Entscheidungsfindung, da relevante Informationen oft unvollständig oder widersprüchlich sind.

**Komplexität** überfordert lineare Problemlösungsansätze, da Ursache-Wirkungs-Beziehungen in vernetzten Systemen schwer erkennbar sind.

**Ambiguität** schließlich führt dazu, dass selbst bei vollständigen Informationen unterschiedliche Interpretationen und Handlungsoptionen gleichberechtigt nebeneinander stehen können.

© Der/die Autor(en), exklusiv lizenziert an Springer Fachmedien Wiesbaden GmbH, ein Teil von Springer Nature 2026
U. Lehmann, *Creative Leadership*, essentials,
https://doi.org/10.1007/978-3-658-51585-0_2

## 2.2    Neurobiologische Grundlagen der Kreativität

Im Wesen einer Organisation stehen Kontrolle, zahlengetriebene Effizienzsteigerung und Erfolgsorientierung ganz weit oben. Das sind Bereiche, die bislang eher der linken Gehirnhälfte zugeschrieben wurden. Die Kreativität, die der bisherigen Gehirnforschung nach der rechten Gehirnhälfte entspringt, wurde viel zu lange nicht beachtet oder aber als nicht wichtig erachtet.

Die Neurobiologie liefert wichtige Erkenntnisse zur Funktionsweise kreativer Prozesse. Studien zeigen, dass Kreativität nicht in einem einzelnen Gehirnbereich lokalisiert ist, sondern durch die Interaktion verschiedener neuronaler Netzwerke entsteht. Besonders relevant sind dabei:

- Das *Default Mode Network* (DMN), das bei scheinbar ziellosem Nachdenken aktiv wird und für das Entstehen neuer Ideen entscheidend ist.
- Das *Executive Attention Network*, das für die bewusste Steuerung und Bewertung von Gedanken verantwortlich ist.
- Das *Salience Network*, das zwischen verschiedenen Aufmerksamkeitsmodi vermittelt. (Vgl. dazu Pink, 2006).

Diese Erkenntnisse haben praktische Implikationen für die Führung: Kreative Lösungen entstehen oft nicht durch intensive Anstrengung, sondern in Phasen der Entspannung und des „Müßiggangs". Dies erklärt, warum viele Künstler ihre besten Ideen beim Spazierengehen oder in anderen scheinbar unproduktiven Momenten haben. Wenn sie den Ideen folgen, geraten sie in den sogenannten Flow. Picassos Einstellung war es, einfach anzufangen: "Ideen sind nur Ausgangspunkte. Es kommt selten vor, dass ich sie genau so festhalten kann, wie sie mir kommen. Sobald ich anfange zu arbeiten, entstehen unter meinem Stift neue Ideen. … Um zu wissen, was man zeichnen will, muss man einfach anfangen …" (Picasso, 1998/2015, S. 117)

Die Hirnforscherin und Quantenphysikerin Danah Zohar bemerkt: „Leistungsfähige und innovative Unternehmen benötigen viel Wissen, Neugier und Erfahrung, vor allem aber brauchen sie eine besondere Struktur. Eine Kultur, die Neues erst möglich macht, weil sie Kreativität zulässt und fördert" (Zohar, 2020).

Sie führt in diesem Interview die drei Arten des Denkens aus: 1. das rationallogische, problemlösende Denken, 2. das assoziative Denken, das auf Erfahrungswissen beruht, und 3. das spirituelle Denken. „Nur mit dem spirituellen Denken kann der Mensch innovativ sein. (…) Spiritualität im Sinne von Weisheit". Um erfolgreich und innovativ zu sein, sollten Unternehmen „sich zunutze machen, was auch das menschliche Gehirn so leistungsstark macht. Ein Unternehmen muss Veränderungen zulassen. Es muss flexibel sein und Raum lassen für Kreativität. Es muss sich seiner selbst bewusst sein. Wissen, wo es steht und dass Veränderung etwas Positives ist. (…) Unser Gehirn ist das Vorbild: ein sich selbst organisierendes System. Eine Organisation, die innovativ sein will, muss entsprechende Strukturen entwickeln und ein hohes Maß an Selbstorganisation der Mitarbeiter zulassen."

Die Herangehensweise von Künstlern, die künstlerische Kreativität, ihre nichtlineare, laterale Denkweise und andere Sicht auf die Dinge und die Welt, führt der Wirtschaft vor Augen, in Entwicklungs-, Transformations- und Innovationsprozessen andere Wege zu beschreiten. Die Kunstwerke sind Resultate von Mut, Neugier und Kreativität der Künstler.

## 2.3 Künstlerisches Denken als Alternative

Künstlerisches Denken bietet alternative Ansätze für diese Herausforderungen. Während rationales Management auf Analyse, Planung und Kontrolle setzt, arbeiten Künstler mit Intuition, Experiment und Akzeptanz von Ungewissheit. Diese Unterschiede lassen sich systematisch darstellen:

**Rationaler Managementansatz**
- Analyse vor Aktion
- Risikominimierung
- Fehlervermeidung
- Kontrolle und Vorhersagbarkeit
- Standardisierung und Effizienz

**Künstlerischer Ansatz**
- Experimentelles Handeln
- Risikobereitschaft
- Fehler als Lernchance
- Umgang mit Ungewissheit
- Individualität und Kreativität

Joseph Beuys' revolutionärer Ausspruch „Jeder Mensch ist ein Künstler" ist in diesem Kontext nicht als romantische Verklärung zu verstehen, sondern als künstlerisch-philosophische Erkenntnis. Beuys meinte nicht, dass jeder malen oder bildhauern kann, sondern dass jeder Mensch über schöpferische Potenziale verfügt, die er oder sie in seinem Beruf anbringen kann. Moderne Kreativitätsforschung bestätigt diese Sichtweise: Kreativität ist keine angeborene Begabung und unveränderliche Größe weniger Auserwählter oder Genies vorbehalten, sondern eine Fähigkeit, die in jedem Menschen angelegt ist – sie kann trainiert und gefördert werden!

Pablo Picasso sagte einmal: „Als Kind ist jeder ein Künstler. Die Schwierigkeit liegt darin, als Erwachsener einer zu bleiben." (Picasso, o. J.) Diese Aussage fasst ein zentrales Problem moderner Führung zusammen: Die Tendenz, mit zunehmendem Alter und wachsender Verantwortung risikoaverser und weniger experimentierfreudig zu werden. Um ein Künstler zu bleiben, ist ein hohes Maß an Kreativität, Mut, Neugier und Risikobereitschaft erforderlich. Und Picasso hatte noch eine andere Mut machende Botschaft: "Der Hauptfeind der Kreativität ist der gesunde Menschenverstand."

Der Erfolg der digitalen Transformation wird durch menschliche Kooperation und Kreativität entschieden, nicht allein durch Technologie. Im Kontext der Digitalisierung und Transformation braucht es jetzt Kreativität, um die neuen Anforderungen zu bewältigen. Führungskräfte und Manager brauchen ein hohes Maß an Vorstellungskraft und Ideenreichtum, um Innovationen entwickeln und fördern zu können. Das ist etwas, was wir den Robotern voraushaben. Wer sich jedoch wie ein Roboter verhält und das Gleiche macht wie bisher, wird durch Roboter ersetzt. „Der Mensch im Mittelpunkt" bedeutet, ein Verständnis gesunder Arbeit zu entwickeln. Die humanzentrierte Arbeit gewinnt daher an Bedeutung.

In „The Future of Jobs Report" (Word Economic Forum, 2025) zählt, wie bereits in den Jahren zuvor, Kreativität zu den fünf wichtigsten Soft Skills: „Wie in den beiden vorherigen Ausgaben dieses Berichts bleibt analytisches Denken die wichtigste Kernkompetenz für Arbeitgeber, wobei sieben von zehn Unternehmen diese als unverzichtbar betrachten. Es folgen Belastbarkeit, Flexibilität und Agilität sowie Führungsqualitäten und sozialer Einfluss, was die entscheidende Rolle von Anpassungsfähigkeit und Zusammenarbeit neben kognitiven Fähigkeiten unterstreicht. Kreatives Denken und Motivation sowie Selbstbewusstsein belegen den vierten bzw. fünften Platz. Diese Kombination aus kognitiven, selbstwirksamen und zwischenmenschlichen Fähigkeiten unter den Top 5 unterstreicht die Bedeutung, die die Befragten einer agilen, innovativen und kooperativen Belegschaft beimessen, in der sowohl Problemlösungsfähigkeiten als auch persönliche Belastbarkeit entscheidend für den Erfolg sind."

Künstler machen nicht immer das Gleiche, sie erfinden sich (und auch die Kunstgeschichte) immer wieder neu, jedes Original ist eine Neuheit. Ihre Werke werden an ihrer Neuheit gemessen – auch im Hinblick auf das, was andere Künstler bisher gemacht haben. Ihr innerer Antrieb ist es, nach dem letzten Werk wieder ein neues zu schaffen, um ein noch besseres als das vorherige in die Welt zu bringen. Daraus resultieren eine latente, förderliche Unzufriedenheit und die intrinsische Motivation, immer weiterzumachen – unabhängig davon, ob sich äußerer Erfolg durch Verkäufe und Ausstellungen einstellt oder nicht. Auch das kann man als Haltung von Künstlern lernen.

Künstler gehen mit der Zeit und sind uns durch ihre Erfindungen oft auch ein Stück voraus. Auch jetzt, in der digitalen Welt, erproben sie neue Techniken wie Augmented Reality und Virtual Reality oder Non Fungible Token (NFTs). Sie sind Seismografen der Gesellschaft. Durch ihre innere Motivation treiben sie sich und ihre Produktion voran. Sie können nicht anders, als Neues zu erschaffen. Der Künstler Wassily Kandinsky sprach in diesem Zusammenhang von der „inneren Notwendigkeit". Ihre Kunst*werke* werden als ebenbürtige Arbeit anerkannt. Den „Nimbus" erhalten die Werke in ihrer Originalität und Einzigartigkeit.

Unternehmen, die innovieren wollen, brauchen Führungskräfte und Mitarbeiter, die intrinsisch motiviert, mutig, neugierig und begeisterungsfähig wie Künstler sind. Es braucht daher ein Klima, das den Faktor Mensch in den Mittelpunkt stellt, eine Fehlerkultur etabliert und Raum sowie Zeit zur Verfügung stellt, um Ideen zu generieren. Es braucht eine Führung, die ein Andersdenken und Hinterfragen zulässt, die die Ideen der Mitarbeiter ernst nimmt und wertschätzt.

## 2.4  Mut zum Neubeginn und Neugier für Veränderungen

Mut und Neugier sind Kernkompetenzen von Künstlern – und Kindern. Künstler sind die Pioniere des Unmöglichen. Sie wagen, was andere für verrückt halten, experimentieren ohne Garantie auf Erfolg und transformieren das Unbekannte in neue Realitäten. Diese scheinbar irrationalen Eigenschaften – Mut zum Risiko und unstillbare Neugier – erweisen sich zunehmend als die wertvollsten Führungsqualitäten in einer volatilen Wirtschaftswelt.

Während traditionelle Manager in bewährten Mustern denken, durchbrechen künstlerisch geprägte Führungskräfte systematisch Konventionen. Sie fragen nicht „Warum?", sondern „Warum nicht?" und verwandeln dadurch vermeintliche Unmöglichkeiten in Marktchancen. Steve Jobs' obsessive Neugier für Design, Elon Musks tollkühner Mut bei Tesla und SpaceX, oder Sara Blakely's kreative Herangehensweise bei der Erfindung von Spanx – sie alle verkörpern diese künstlerische DNA des Unternehmertums.

In einer Zeit, in der disruptive Technologien ganze Branchen über Nacht obsolet machen können, wird die Fähigkeit, ständig zu hinterfragen, zu experimentieren und mutig neue Wege zu beschreiten, vom Nice-to-have zum Überlebensfaktor.

Die Kunst lehrt uns: Innovation entsteht nicht in der Komfortzone, sondern im kreativen Chaos zwischen Vision und Verwirklichung.

Carl Naughton (2016) behandelt das Thema Neugier in einem ganzen Buch. Er stellt fest, dass Neugier erlernbar und notwendig ist: „Ohne sie gibt es keine Entwicklung und keine Kreativität." (S. 7.) Und weiter heißt es: „Neugier ist dabei der Hauptfaktor für die Suche nach Neuem, was sich wiederum in Kreativität übersetzt." (S. 53.). Neugier korreliere sogar stark mit intrinsischer Motivation. Und das Ergebnis einer Studie zeige: „Neugier und kreative Selbstwirksamkeit stehen eng miteinander in Beziehung. Die Neugier eines Menschen hängt stark davon ab, wie sehr er sich als kreative Person wahrnimmt. (…) Weitere Studien belegen (…), dass Menschen, die glauben, dass Kreativität sich entwickeln kann und nicht ein festgelegter Teil der Persönlichkeit ist, sich per se selber als kreativer einstufen. Das Mindset dieser Personen ist eben mehr auf Wachstum („growth") ausgelegt!" (S. 55–56).

Neugier auf und Mut für Veränderung sind wesentliche Qualitäten von Künstlern wie auch von Führungskräften. Neugier ist in gewisser Weise die Vorstufe zum Mut, etwas umzusetzen und kreative Lösungen zu finden.

Im Jahr 2021 führten die Kienbaum Consultants International GmbH und die Klitschko Ventures GmbH die Studie *Die MUTation der Arbeitswelt* durch. Sie sehen in Mut einen zentralen Treiber von Veränderung, Innovation und Performance. Ihre Analyse zeigt, dass „Geschäftsführende, die ihre Teams als mutig beschreiben, die Innovationsleistung und die Umsetzung der digitalen Transformation ihres Unternehmens höher bewerten als Geschäftsführende, die ihr Team als weniger mutig beschreiben." Mut sei daher auch eine Frage von Führung und Kultur: „Es liegt in der Verantwortung der Führungskräfte, kulturelle Rahmenbedingungen zu schaffen, die Mut fördern." In ihrem Fazit fordern sie Handlungsbedarf, da „nur 12 % der Fach- und Führungskräfte unser Verständnis von Mut erfüllen." Hierfür müsste sich u. a. eine Fehlerkultur etablieren, in der Mitarbeiter sich bzw. ihre Ideen ausprobieren dürfen, Risiken eingehen können und angstfrei Fehler machen dürfen.

Naughton und Steinle (2020) erfanden den Begriff „Zukunftsmut", der die Dringlichkeit, Mut zu haben, mit der Zukunft verknüpft. In ihrem gleichnamigen Buch schreiben sie: „Ein Mensch mit Zukunftsmut hat ganz bestimmte Wahrnehmungen, Handlungen und Überzeugungen. Darauf kommt es an. Unternehmen können noch so viel in Innovationskulturen investieren, wenn sie den Zukunftsmut des Einzelnen nicht stärken, wird daraus nichts. (…) Eine weitere Studie im Jahr

2011 zeigte, dass Zukunftsmut Mitarbeiter nicht nur leistungsfähiger, sondern auch kreativer und innovativer macht." (S. 7.).

Neugier, Mut und Kreativität sind heutzutage notwendig und erlernbar. Führungskräfte und Manager können sich an Künstlern und Kindern ein Vorbild nehmen und von ihnen lernen.

# Creative Leadership: Kernprinzipien künstlerischer Führung

3

## 3.1 Pablo Picasso – Das künstlerische Genie des 20. Jahrhunderts

Pablo Picasso (1881–1973) war nicht nur ein Ausnahmekünstler – er war ein kulturelles Erdbeben. Mit über 50.000 Werken revolutionierte er nicht nur eine Stilrichtung, sondern gleich mehrere: Von der zarten Melancholie der Blauen Periode über die Wärme der Rosa Phase, vom bahnbrechenden Kubismus bis hin zu neoklassizistischen, surrealistischen, abstrakten und expressiven Arbeiten.

Picasso war nicht nur ein Multitalent, sondern auch ein ausgesprochen geschäftstüchtiger Mensch. Er verhandelte Verträge, kannte seinen Marktwert genau, pflegte strategisch seine Galeristen-Beziehungen und akkumulierte ein beachtliches Vermögen. Er hatte also neben seinen innovativen Kunstwerken auch ein Gespür für wirtschaftliche Zusammenhänge. Picasso hat vermutlich nie eine Quartalsbilanz erstellt. Und trotzdem war er einer der erfolgreichsten Unternehmer seiner Zeit.

Der Künstler wurde in Málaga, Spanien, geboren. Bereits in jungen Jahren zeigte sich sein außergewöhnliches Talent. Nach Stationen in Barcelona und Madrid ließ sich Picasso 1904 dauerhaft in Paris nieder, wo er rasch Anschluss an die Avantgarde fand. Hier verband er akademisches Können mit radikaler Erneuerung. Er befasste sich intensiv mit der Tradition der Kunstgeschichte, studierte zahlreiche alte Meister, aber auch seine Zeitgenossen. Bereits 1907 erschütterte er mit *Les Demoiselles d'Avignon* die Kunstwelt – ein Gemälde, das mit seinen kantigen Formen, maskenhaften Gesichtern und dem Einfluss afrikanischer und ozeanischer Kunst die Grundlagen des Kubismus legte. Er brachte hier zusammen, was bislang nie zusammengehörte: die europäische und afrikanische Kunst. Gemeinsam mit

© Der/die Autor(en), exklusiv lizenziert an Springer Fachmedien Wiesbaden GmbH, ein Teil von Springer Nature 2026
U. Lehmann, *Creative Leadership*, essentials,
https://doi.org/10.1007/978-3-658-51585-0_3

Georges Braque erfand er die visuelle Grammatik des Analytischen und später des Synthetischen Kubismus – eine fragmentierte, mehrdimensionale Sicht auf Wirklichkeit, die Malerei und Collage neu definierte.

Picasso hatte den Mut, erstmals in der Kunstgeschichte mit zerrissenen Zeitungsstücken ein Bild zu erstellen und erfand damit um 1912 die *Collage,* auch Papier collé genannt (französisch, „geklebtes Papier", „Klebebild"). Seine Collagekunst – und ebenso zeitgleich die von George Braque – markierte einen radikalen Bruch mit der traditionellen Malerei und kombinierte zum Teil disparate Elemente, die einen neuen künstlerischen Dialog entwickelten. Ebenso hatte er daraufhin den Mut, aus realen Gegenständen Kunst zu machen, was es ebenfalls vorher noch nie gab.

Der Künstler kombinierte bisher der Kunst fremde Materialien aus der Alltagswelt in den Schaffensprozess und erfand damit die kunsthistorische Kategorie beziehungsweise Methode des ***Objet trouvé*** (französisch für „gefundener Gegenstand") oder allgemeiner, das Readymade, das der Künstler Marcel Duchamp 1914 fortführte und radikalisierte, indem er singuläre vorgefundene Gegenstände – wie das Pissoir oder den Flaschentrockner – ohne weitere künstlerische Bearbeitung aus einem Kaufhaus in ein Museum stellte, also in den gesellschaftlich akzeptierten Rahmen von Kunst. Duchamp veränderte nichts an dem Gegenstand und stellte ihn so, wie er ist, auf einen Skulpturensockel. Damit entfunktionalisierte er ihn. Die Verbindung von Kunst und Leben – im künstlerischen, philosophischen und soziologischen Sinne – erhielt hier mit der Collage und dem Objet trouvé ihren Anfang.

Picasso war ein Genie im eigentlichen Sinne – ein Künstler, der sich ständig neu erfand, der nie bei einer Form verweilte, sondern in ständiger Bewegung blieb. Seine Innovationsfreudigkeit macht sich auch in diesem Satz bemerkbar: „Was ist Plastik? Was ist Malerei? Immer klammert man sich an altmodische Ideen, an überlegte Definitionen, als ob es nicht gerade die Aufgabe des Künstlers wäre, neue zu finden..." (Picasso, 1988) Er betont, dass Kunst nicht durch Regeln definiert ist, sondern durch die kontinuierliche Neuerfindung und das Brechen bestehender Formen. Picasso und andere Künstler des 20. Jahrhunderts erweiterten diese Begriffe, indem sie Alltagsgegenstände, neue Materialien (Plastik, Metallschrott) und neue Techniken (Assemblage, Action Painting) nutzten. Seine Werke sind mehr als Kunst: Sie sind Manifestationen schöpferischer Unruhe, ein Dialog mit der Geschichte der Kunst – und zugleich deren radikale Transformation.

Picasso blieb Zeit seines Lebens künstlerisch produktiv und stilistisch wandlungsfähig. Seine Fähigkeit, bestehende Traditionen zu analysieren, zu hinterfragen und in neue Ausdrucksformen zu überführen, begründet seinen herausragenden Stellenwert in der Kunstgeschichte.

Seine formale Vielseitigkeit und stilistische Erneuerungsfähigkeit machen ihn bis heute zu einer Schlüsselfigur und Ikone der Moderne. Er bewies mit seiner Kunst, Mut zu haben, Regeln zu brechen, Neues zu wagen und sich nicht von Regelwerken beirren zu lassen.

Picasso steht als Ikone stellvertretend für viele andere Künstler. Kaum eine andere Branche ist so innovativ wie die Kunstwelt. Künstler schaffen per se täglich neue Bilder, sie sind Originale, sie sind einzigartig. Daher ist die Kunst so anschlussfähig zur Wirtschaft. Nicht alle sind solch geniale Erfinder wie Picasso. Aufgrund seines Erfindergeistes und Mut für Neues steht er hier als Pate für ein neues Denken, einen neuen Führungsstil: die Künstlerische Führung in Zeiten von Unsicherheit, Komplexität und Wandel.

Führungskräfte und Manager können sich künstlerisches Denken aneignen. Der Anfang eines Bildes gleicht dem Anfang, etwas Neues zu erfinden und den Künstlerischen Führungsstil zu erlernen, beziehungsweise anzueignen.

## 3.2  Der erste Strich: Mut zur Ungewissheit

Wenn ein Künstler vor einer leeren Leinwand steht, gibt es keinen Fahrplan, keine Excel-Tabelle, kein Briefing, die ihm sagen, wo der erste Strich zu setzen ist. Es gibt keine Garantie, dass am Ende etwas Brauchbares entsteht oder jemand dieses Bild kauft. Dennoch beginnt der Künstler – nicht weil er muss, sondern weil er etwas sehen möchte, was es noch nicht gibt. Künstler haben eine intrinsische Motivation.

Die Metapher des „ersten Strichs" auf der weißen Leinwand veranschaulicht eine fundamentale Führungsherausforderung. Übertragen auf die Führungspraxis bedeutet dies: Wer macht wann wie und wo den ersten Strich? Wer wagt den ersten Schritt in unbekanntes Terrain? Diese Fragen sind nicht trivial, denn sie berühren fundamentale Aspekte von Risikobereitschaft, Verantwortungsübernahme und Innovationskultur.

Der erste Strich erfordert Mut, das *Horror Vacui* zu überwinden – die Angst vor der Leere. In Unternehmen manifestiert sich diese Angst oft als Lähmung angesichts komplexer Entscheidungssituationen. Teams verharren in endlosen Analyseschleifen, weil sie hoffen, durch mehr Daten die Unsicherheit zu reduzieren. Die künstlerische Herangehensweise akzeptiert hingegen, dass in komplexen Situationen niemals alle Informationen verfügbar sein werden und Künstler entwickeln die Fähigkeit, trotz Ungewissheit handlungsfähig zu bleiben.

Die leere Leinwand repräsentiert den Ausgangspunkt eines neuen Projekts, einer neuen Idee oder eines neuen Prozesses, der erst noch gestaltet werden muss.

Die leere Leinwand symbolisiert auch das ungenutzte Potenzial in der Gruppe und in den einzelnen Personen, das sich durch die innere Veränderung entfalten kann.

**Stellen Sie sich vor, die weiße Leinwand ist Ihre Zukunft, die Sie nun frei gestalten können. Welches Gefühl stellt sich jetzt bei Ihnen ein? Mut und Freiheit oder Angst, Unsicherheit und Verzweiflung?**

Interessanterweise findet sich die „leere Leinwand" als Topos und Metapher auch bei Otto Scharmers „Theory U" (Scharmer, 2020). C. Otto Scharmer, Senior Lecturer am Massachusetts Institute of Technology (MIT) in Cambridge/Mass. (USA), sieht in der „leeren Leinwand" die Notwendigkeit einer tiefen inneren Veränderung und eines Neuanfangs. Sie dient als Anstoß, den Blick von der Vergangenheit und den bekannten Strukturen zu lösen und sich der Zukunft und neuen Möglichkeiten zu öffnen:

„Nach Scharmer lässt sich die Art und Weise, mit der wir die Arbeit von Führungskräften betrachten, damit vergleichen, wie wir die Arbeit eines Künstlers betrachten. Es ist möglich, sich auf das Ergebnis des schöpferischen Prozesses zu beziehen und das fertige Werk zu betrachten, nachdem es geschaffen wurde. Ebenso ist es denkbar, sich auf den kreativen Prozess zu fokussieren und den Künstler zu beobachten, während er sein Werk herstellt. Oder wir betrachten den Künstler, bevor er seinen Schaffensprozess beginnt (Blick auf die leere Leinwand). Das Gleiche trifft auf die Führung und das Management von Organisationen zu. Es ist möglich zu betrachten, was Führungskräfte tun (Ergebnis), wie sie führen (Prozess) oder wir können ihre Arbeit aus der Perspektive ihres Ursprungs betrachten und die Frage stellen, was die inneren Quellen der Führungstätigkeit sind. Scharmer spricht in diesem Zusammenhang vom ‚Blick des Malers auf die leere Leinwand'. Grundlegend für die Suche nach den inneren Quellen der Führungstätigkeit ist für Scharmer, sich des fundamentalen blinden Flecks in der Führung (und im Alltagsleben) bewusst zu werden." (Wüntsch, 2015).

Dafür entwickelte er mehrere **konkrete Schritte eines U-förmig verlaufenden kreativen Transformationsprozesses:** „Die Struktur folgt der einfachen Timeline aus Vergangenheit, Gegenwart, Zukunft. Sie zielt darauf ab, Führungskräfte und Teams dabei zu unterstützen, zukunftsorientierte und nachhaltige Veränderungen in Organisationen zu bewirken. Zentrale Elemente sind:

1. Das Erkennen des Ist-Zustands und die Offenheit für neue Perspektiven (offene Geisteshaltung).
2. Das Erkunden der eigenen Wahrnehmungen, um verborgene Potenziale und Hindernisse zu identifizieren.
3. Die Entwicklung einer Vision, die auf den Bedürfnissen aller Beteiligten basiert.
4. Das Nutzen von Kreativität und Innovation in den Entscheidungsprozess.
5. Die Umsetzung von Veränderungen durch eine Kombination aus reflektivem Denken und proaktivem Handeln.

Dieser Prozess soll Führungskräfte und Teams in die Lage versetzen, transformative Veränderungen zu initiieren, die sowohl individuelles als auch organisatorisches Wachstum fördern." (ICS Intelligent Change Solutions, 2025).

Der U-Prozess zielt darauf ab, in komplexen Situationen sowohl eine Neuausrichtung als auch ein bewusst gesteuertes Handeln zu ermöglichen. Häufig liefert die Gegenwart keine passenden Lösungen für anstehende Herausforderungen – es fehlen klare Strukturen und bewährte Vorgehensweisen. Genau an diesem Punkt setzt die Theorie U an: Sie bietet Orientierung und Unterstützung, um Veränderungsprozesse, Krisen oder disruptive Entwicklungen gezielt zu durchschreiten. Doch zurück zum Künstler und seinem Schaffensprozess.

## 3.3 Experimentelles Iterieren: Der schöpferische Prozess

Nach dem ersten Strich folgt eine Phase des experimentellen Iterierens. Jeder weitere Strich verändert das Bild und eröffnet neue Möglichkeiten. Der Künstler bewertet kontinuierlich das Entstehende und passt sein Vorgehen an. Dieser Prozess ist charakterisiert durch:

**Sofortige Sichtbarkeit:** Jede Aktion ist unmittelbar erkennbar und bewertbar.
**Kontinuierliche Anpassung:** Basierend auf dem aktuellen Stand werden nächste Schritte entwickelt.
**Akzeptanz des Unvorhersagbaren:** Der Endpunkt ist nicht vollständig planbar.
**Integration von Zufällen:** Unvorhergesehene Entwicklungen werden als Chance begriffen.

Diese Prinzipien finden sich in modernen agilen Managementmethoden wieder, haben aber ihre ursprüngliche Heimat in künstlerischen Schaffensprozessen. Die Überlegenheit dieses Ansatzes liegt in seiner Anpassungsfähigkeit: Statt starr einem vorab festgelegten Plan zu folgen, entwickelt sich die Lösung organisch und kann auf veränderte Umstände reagieren.

Künstler wissen selten von Anfang an, wie ein Werk aussehen wird, wenn es fertig ist. Sie nähern sich dem Unbekannten durch Skizzen, Experimente, verworfene Versuche und spontane Durchbrüche. Dabei verkörpern sie eine Denkweise, die die moderne Innovationstheorie als „Effectuation" bezeichnet. Diese unternehmerische Logik ersetzt zielorientierte Planung durch situationsbezogenes Handeln. Mit anderen Worten: Anstatt zu fragen: „Was möchte ich erreichen und was brauche ich dafür?", fragen effektive Denker: „Was habe ich und was kann ich damit machen?"

Diese Logik ist besonders effektiv in unsicheren und dynamischen Umgebungen – genau den Umgebungen, mit denen Führungskräfte heute zunehmend konfrontiert sind. Die zentralen Prinzipien der Effektivierung stimmen weitgehend mit der künstlerischen Denkweise überein.

Künstlerische Führung wendet diese Logik auf die Unternehmenspraxis an. Manager, die künstlerisch denken und handeln, verlassen sich nicht allein auf Analyse und Planung. Sie testen, überarbeiten und experimentieren – genau wie Künstler.

Dieser Ansatz ist besonders hilfreich in Situationen, für die es keine vorgefertigten Lösungen gibt – in denen nichts weniger als die Erfindung von etwas Neuem erforderlich ist. Der kreative Prozess ist somit kein Luxus, sondern eine Notwendigkeit.

Der Prozess der ständigen Verfeinerung und Neubewertung durch den Künstler ist ein Paradebeispiel für die emergente Strategiebildung. Das Motto „Probieren – Scheitern – Lernen – Wiederholen" könnte daher über jedem Innovationslabor – und jedem Künstleratelier – stehen.

Im kreativen Prozess sind Fehler keine Mängel, sondern notwendige Schritte auf dem Weg zu einer besseren Lösung. Künstler wissen, dass Scheitern Teil des Schaffensprozesses ist. Sie arbeiten iterativ – ein Entwurf führt zum nächsten, und jeder fehlgeschlagene Versuch ist ein wertvoller Schritt auf dem Weg zum Erfolg. Dieser iterative Prozess erfordert eine Kultur, die Fehler toleriert, ja sogar fördert.

Eine solche Kultur ist in Unternehmen noch nicht weit verbreitet. Oft werden Fehler als Schwächen oder Risiken angesehen. Künstlerische Führung definiert Scheitern jedoch neu als wesentlichen Bestandteil von Innovation.

In der Kunst entsteht ein Werk selten in einem einzigen, ununterbrochenen, fehlerfreien Zug. Stattdessen entsteht es aus einem Prozess des Ausprobierens, des Skizzierens und Überarbeitens. Diese Offenheit für den Prozess – und die Bereitschaft, nicht alles im Voraus zu wissen – sind zentrale Elemente künstlerischer Führung.

## 3.4    Serendipity: Das Geschenk des Zufalls

Der Zufall ist eine wesentliche Komponente der Kreativität. Das Konzept der Serendipity – das Finden von etwas, nach dem man nicht gesucht hat – ist für Innovationsprozesse von entscheidender Bedeutung. Viele der bedeutendsten Durchbrüche in Kunst, Wissenschaft und Wirtschaft entstanden durch glückliche Fügungen, Missgeschicke oder unerwartete Wendungen – von der Entdeckung des Penicillins über die Erfindung des Post-it-Zettels bis hin zur Entwicklung von Viagra. So nahmen auch in der Kunstgeschichte durch Zufälle verschiedene Wendungen.

Zufall spielte bei Picasso eine bedeutende Rolle, sowohl in seinem kreativen Prozess als auch in seinem Leben. Er nutzte Zufallsereignisse und -techniken, um neue künstlerische Ausdrucksformen zu finden, und hatte auch schicksalhafte Zufallsbegegnungen, die seinen Lebensweg beeinflussten. Der Künstler hatte eine besondere Freude daran, Objekte zufällig zu finden und diese in seine Kunstwerke einzubauen. Er verwendete unterschiedliche herumliegende Gegenstände, um daraus Skulpturen zu schaffen, wie der berühmte Stierkopf aus einem Fahrradsattel und einem Fahrradlenker („Tête de taureau", 1941, im Musée Picasso, Paris).

Picasso (1998/2015) formulierte das Prinzip der Serendipity mit den Worten: „Ich suche nicht. Ich finde." (S. 19) Diese scheinbar paradoxe Aussage verdeutlicht seine Neigung, neue Ideen und Ausdrucksmöglichkeiten durch Zufall zu entdecken. Sie beschreibt ein zentrales Element künstlerischen Arbeitens: die Fähigkeit, Unerwartetes zu entdecken und produktiv zu nutzen. Zufällige Ereignisse und Situationen konnten Picasso inspirieren, neue künstlerische Richtungen einzuschlagen.

Für Picasso waren Zufälle willkommene Inspirationsquellen und manchmal auch schicksalhafte Wendungen: „1954 lernte Picasso durch Zufall den auf Linolschnitte spezialisierten Drucker Hidalgo Arnéra aus Vallauris kennen. Ihre erste Zusammenarbeit fand anlässlich einiger Plakate für Stierkämpfe statt. In der Folge vertiefte sich der über 70-jährige Künstler in die Technik und verhalf ihr zu einer ungekannten Blüte." (Städel Museum, 2019).

Der Künstler nahm auch banale Schicksale an: „Wie oft habe ich beim Auftragen von Blau festgestellt, dass ich keines mehr hatte. Also habe ich Rot genommen und es anstelle von Blau aufgetragen", sagte er (Picasso, 1998/2015, S. 29). Er haderte nicht mit der Situation, sondern nahm sie an und machte das Beste aus dem, was vorhanden war.

Ein eindrucksvolles Beispiel für den produktiven Umgang mit Zufall lieferte der chinesische Künstler Ai Weiwei (2007). Eingeladen zur internationalen Kunstausstellung documenta 12 in Kassel baute er einen acht Meter hohen Turm aus historischen chinesischen Türen, die dem Bauboom in China zum Opfer gefallen sind. Während eines Gewitters fiel der Turm in sich zusammen. Statt dies als Katastrophe zu betrachten, sah Ai Weiwei darin eine Verbesserung seines Werks: „Das sieht sogar viel besser aus als vorher", kommentierte er und verdoppelte prompt den Preis.

Max Ernst entdeckte die Frottage-Technik zufällig, als er die Maserung alter Holzdielen bemerkte. Er legte Papier darüber und rieb mit einem Bleistift – es entstanden surreale Strukturen, die er weiterverarbeitete. Diese Entdeckung führte zur Entwicklung einer neuen Bildsprache und beeinflusste den Surrealismus nachhaltig (Vgl. Spies, 1988).

Gerhard Richter nutzte in seiner abstrakten Malerei große Rakel, mit denen er Farbschichten über die Leinwand zog. Die so entstandenen Bilder sind eine Mischung aus Planung und unvorhersehbarem Ergebnis. Der Zufall der Farbmischungen, Abrisse und Überlagerungen ist dabei elementar (Vgl. Elger, 2002).

Jackson Pollock revolutionierte die Malerei nicht durch akribische Planung, sondern indem er die Kontrolle bewusst aufgab. Seine berühmte Drip-Painting-Technik entstand aus einem Versehen: Als ihm 1947 ein Pinsel aus der Hand glitt und Farbe auf die Leinwand tropfte, erkannte er das kreative Potenzial des unkontrollierten Farbflusses. Was als Missgeschick begann, wurde zur Grundlage einer neuen Kunstrichtung.

Pollock wurde bekannt mit der von ihm begründeten Stilrichtung des Action Painting. Seine im Drip-Painting-Verfahren angefertigten großformatigen Werke brachten ihm bereits zu Lebzeiten den Spitznamen „Jack the Dripper" ein.

Ein weiteres Beispiel: Der Künstlerfotograf Axel Hütte (2025), dessen Hauptinteresse der Natur gilt, hörte zufällig von einem Berg namens „Totenkopf". Der Klang des Namens animierte ihn dazu, dorthin zu fahren. Er suchte den Berg auf der Landkarte und fuhr hin, um zu schauen, wie er aussieht. Daraufhin fotografierte er ihn vor Ort und ein weiteres Kunstwerk entstand.

Diese Beispiele zeigen ein wiederkehrendes Muster: Der Zufall begünstigt den vorbereiteten Geist. Louis Pasteur formulierte es treffend: „Le hasard ne favorise que les esprits préparés" – der Zufall begünstigt nur die vorbereiteten Geister. Alle diese Entdecker und Erfinder hatten die Fähigkeit, im scheinbar Unbedeutenden das Außergewöhnliche zu erkennen.

Neugierige Menschen sehen und begegnen Zufällen aufmerksamer und häufiger als Nicht-neugierige, weil sie offener sind und bereit, etwas Neues zuzulassen, um darin auch eine Chance für Veränderung zu sehen.

Jene Haltung – Zufälle als Chance und Bereicherung statt als Störung zu begreifen, Zufällen offen zu begegnen – ist charakteristisch für künstlerisches Denken und sollte auch in Führungskontexten kultiviert werden. Sie erfordert eine grundsätzliche Offenheit für das Unerwartete und die Fähigkeit, spontan auf veränderte Umstände zu reagieren.

Der Schlüssel liegt nicht darin, auf den Zufall zu warten, sondern die Bedingungen zu schaffen, unter denen er gedeihen kann. Das bedeutet:

**Offenheit für das Unerwartete:** Rigide Pläne und vorgefasste Meinungen können Zufälle übersehen lassen. Flexibilität und Neugier öffnen die Türen für Serendipität.

**Experimentierfreude:** Wer nicht bereit ist, Risiken einzugehen und zu scheitern, wird auch keine glücklichen Zufälle erleben.

**Interdisziplinäres Denken:** Viele Zufallsentdeckungen entstehen an den Schnittstellen verschiedener Fachbereiche. Wer über den Tellerrand blickt, erhöht seine Chancen auf serendipitäre Durchbrüche.

**Aufmerksamkeit für Details:** Der Unterschied zwischen einem glücklichen Zufall und einem übersehenen Moment liegt oft in der Beobachtungsgabe. Kleinigkeiten können große Bedeutung haben.

Der Zufall bleibt ein mächtiger Verbündeter des Fortschritts. Doch er belohnt nur jene, die bereit sind, ihn zu empfangen. In einer Welt, die zunehmend auf Planung und Kontrolle setzt, erinnern uns die großen Zufallsentdeckungen daran, dass die besten Ideen oft dann kommen, wenn wir sie am wenigsten erwarten.

Die Geschichte lehrt uns: Wer den Zufall als Partner gewinnt, erhält Zugang zu einem unerschöpflichen Reservoir an kreativen Möglichkeiten. In einer Zeit rasanten Wandels könnte diese Lektion wichtiger sein denn je.

Paradoxerweise lässt sich der Zufall bis zu einem gewissen Grad systematisieren. Unternehmen wie 3 M und Google räumen ihren Mitarbeitern bewusst 15 und sogar 20 % ihrer Arbeitszeit für freie Projekte ein – ein strukturierter Ansatz, um zufällige Innovationen zu fördern.

3M legt Wert auf die freie Zeit seiner Mitarbeiter und bietet verschiedene Möglichkeiten zur persönlichen Weiterentwicklung und zur Gestaltung der Arbeitszeit. Ein Beispiel ist die „15 %-Regel" für Mitarbeiter in Forschung und Entwicklung, die 15 % ihrer Arbeitszeit für eigene Projekte verwenden können, die sie besonders wichtig finden. Dies ermöglicht den Mitarbeitern, neue Ideen zu entwickeln, sich weiterzubilden und ihre Fähigkeiten zu erweitern.

## 3.5     Fehlerkultur: Die Schönheit des Imperfekten

Ein weiteres zentrales Element des Creative Leadership ist die Entwicklung einer konstruktiven Fehlerkultur. Während traditionelles Management auf Fehlervermeidung setzt, betrachtet künstlerisch-kreatives Denken Fehler als integralen Bestandteil des Schöpfungsprozesses. Fehler werden von Künstlern vielmehr als Impulse betrachtet.

Diese Sichtweise findet sich auch in verschiedenen kulturellen Traditionen wieder. Weber persischer Teppiche arbeiten bewusst Fehler in ihre Kunstwerke ein – aus der religiösen Überzeugung heraus, dass nur Gott perfekt sei. Diese „persischen Fehler" werden nicht als Makel, sondern als Ausdruck menschlicher Authentizität geschätzt. Nicht von ungefähr kommt der Begriff „Schönheitsfehler", der bereits das Ästhetische und Künstlerische beinhaltet.

Winston Churchill brachte die problematische Seite des Perfektionsstrebens auf den Punkt: „Perfektion ist der Feind des Fortschritts." Tatsächlich kann das Streben nach Perfektion innovationshemmend wirken, weil es Experimente und Risiken vermeidet, die für Durchbrüche notwendig sind.

Auch ist eine Null-Fehler-Kultur, die aus dem Kaizen bekannt ist, sehr angstbesetzt und von Erfolgsdruck gekennzeichnet, weil keiner sich traut, Fehler zu machen und damit zu scheitern. Die Null-Fehler-Kultur „ist eine kontinuierliche Verbesserungsstrategie, in der japanischen Lebens- und Arbeitsphilosophie als Kaizen bezeichnet, im Rahmen des Total-Quality-Managements (TQM). Die Null-Fehler-Strategie wurde Anfang der 1960er-Jahre von dem Amerikaner Philip B. Crosby entwickelt und beschreibt eine fehlerfreie Produktion, bei der kein Ausschuss erzeugt werden soll und daher keine Nacharbeit notwendig wird." (Wikipedia, o. J.)

Wer jedoch Fehler macht und machen darf, lernt daraus und geht gelassener damit um. Das Selbstbewusstsein des Mitarbeiters und damit die Ideenfindung wird gestärkt, wenn die Führungskraft toleranter mit Fehlern umgeht. Die Null-Fehler-Toleranz verhindert jedoch Innovationen und fördert eher Angst: „Schaut man in diese Unternehmen, so erkannt man, dass immer noch diejenigen bestraft werden, die den Fehler begingen und nicht diejenigen, die durch die Gestaltung schlechter Prozesse oder durch schlechte Unterweisung der Mitarbeiter die Entstehung der Fehler erst möglich machten. Dass solch eine Kultur dazu führt, dass Mitarbeiter sich nicht trauen, etwas zu wagen, lieber den Kopf einziehen und versuchen, ihre Probleme und Fehler zu verstecken, ist nicht verwunderlich." (Anders, 2016).

Picasso übermalte immer wieder seine ersten Entwürfe, die er nicht gut geheißen hat. Er testete sich aus, probierte, verwarf und begann neu, oft auf der gleichen Leinwand – ganz selbstbewusst und selbstkritisch.

Der Schriftsteller und Filmemacher Philip Szporer (2020) berichtete von einer Tanzaufführung mit Angestellten des Museums im MoMA in New York, also Laien ohne Tanzerfahrung: „Ein herausragendes Beispiel für die Entwicklung von Fähigkeiten und die Inszenierung choreografischer Abenteuer, bei denen die Künstler Fehler machen dürfen, war Jérôme Bel von der MoMA Dance Company im Museum of Modern Art (MoMA) in New York als Teil der Artists' Choice-Serie des Museums im Jahr 2016. (…) Wie ein Artikel in der New York Times anmerkte, hat Bel keine Angst vorm Scheitern und er schert sich auch nicht um festsitzende Strukturen. ‚Ich habe kein Interesse daran, ein Museum meiner selbst zu werden‘, sagte er. ‚Ich will neue Dinge tun.‘ Seine Herangehensweise an Bewegung weist darauf hin, dass eine solche Art der Inszenierung die Prämisse bekräftigt: Je mehr Risiken man eingeht, desto mehr Freiheit hat man, einen Diskurs loszutreten."

Die Integration einer konstruktiven Fehlerkultur in Führungsprozesse erfordert:

**Psychologische Sicherheit:** Mitarbeiter müssen sich trauen dürfen, Fehler zu machen und zu kommunizieren.

**Lernorientierung:** Fehler werden als Lerngelegenheiten, nicht als Versagen betrachtet.

**Experimentierfreude:** Bewusste Inkaufnahme von Fehlern bei vielversprechenden Experimenten.

**Schnelle Iteration:** Rasche Identifikation, Korrektur und Weiterentwicklung basierend auf Fehlern.

# Praxisbeispiele: Künstlerische Führung in der Unternehmenswelt

**4**

## 4.1 Bosch „Plattform 12": Forscher und Manager treffen Künstler

Ein beeindruckendes Beispiel für die praktische Umsetzung künstlerischer Führungsprinzipien findet sich im Forschungszentrum von Bosch in Renningen bei Stuttgart. Auf der sogenannten „Plattform 12" arbeiten Künstler und Ingenieure Seite an Seite – ein radikaler Ansatz, der zunächst kontraintuitiv erscheint.

Die Künstler fungieren dabei nicht als Dekoration oder PR-Instrument, sondern als vollwertige Projektpartner. Sie stehen für Fragen und Dialoge zur Verfügung, denken mit und anders, schauen über den Tellerrand und bringen neue Perspektiven in die Produktentwicklungen der Ingenieure ein.

Diese interdisziplinäre Zusammenarbeit schafft mehrere innovative Effekte:

**Perspektivwechsel:** Künstler bringen andere Denkweisen und Problemlösungsansätze ein, die Ingenieuren oft verschlossen bleiben.

**Infragestellung von Annahmen:** Wo Ingenieure etablierte Lösungswege sehen, stellen Künstler grundsätzliche Fragen.

**Kreative Irritation:** Unkonventionelle Herangehensweisen führen zu neuen Lösungsansätzen.

**Kulturwandel:** Die Präsenz von Künstlern verändert die Arbeitsatmosphäre und fördert kreatives Denken.

Eine junge Produktentwicklerin beschrieb ihre Erfahrung so: „Erst durch die Zusammenarbeit mit einer Künstlerin habe ich verstanden, dass ich mein Denken auf-


U. Lehmann, *Creative Leadership*, essentials, https://doi.org/10.1007/978-3-658-51585-0_4

brechen muss. Ich darf etwas denken, was vielleicht gar nicht logisch ist – aber inspirierend." (Anonym, o. J.).

Diese Aussage illustriert einen fundamentalen Kulturwandel: Weg von der reinen Zweckorientierung hin zur Zweckfreiheit als Quelle von Erkenntnis. Bosch investiert bewusst in extra eingerichtete Räume, die Kreativität und Kommunikation fördern, im Bewusstsein, dass beides untrennbar zusammengehört.

Der Perspektivwechsel, angeregt durch Künstler, kann auch eine Veränderung der Unternehmenskultur bedeuten – hin zu mehr Offenheit und Neugier, zur Akzeptanz des Anders Denkens.

Forschungseinrichtungen schaffen bewusst interdisziplinäre Räume, in denen sich Wissenschaftler verschiedener Fachrichtungen begegnen können. Die zufälligen Gespräche in der Cafeteria oder am Kopierer führen oft zu unerwarteten Kooperationen und Durchbrüchen.

## 4.2    Insektentöter trifft auf Insektenretter

Eine bemerkenswerte Geschäftstransformation vollzieht sich seit 2011 bei der Firma Reckhaus, einem traditionsreichen Biozid-Hersteller mit sechzigjähriger Unternehmensgeschichte. Seit Übernahme der Geschäftsführung im Jahr 1994 hatte die Unternehmensleitung Hans-Dietrich Reckhaus das etablierte Produktionsmodell nicht grundsätzlich hinterfragt, bis eine unkonventionelle Begegnung mit den Schweizer Konzeptkünstlern Frank und Patrik Riklin einen paradigmatischen Wandel einleitete.

Der in der Schweiz wohnhafte Geschäftsführer Reckhaus, ein Liebhaber zeitgenössischer Kunst, hatte die Arbeit der Riklin-Zwillinge bereits über einen längeren Zeitraum verfolgt. Fasziniert von deren Fähigkeit der Künstler, mit minimalen finanziellen Mitteln maximale öffentliche Aufmerksamkeit zu generieren, kontaktierte er die Künstler Mitte 2011 mit dem Auftrag einer Marketingkampagne für ein neues Fliegenfänger-Produkt.

Das Briefing war strategisch ausgerichtet: Primäres Ziel war die Listung des Produkts in großen deutschen Handelsketten durch eine kunstbasierte Aktion, die eine ausreichend große Konsumentenschicht erreichen und zur aktiven Nachfrage des Produkts im Einzelhandel motivieren sollte. Den Künstlern wurde dabei vollständige inhaltliche Gestaltungsfreiheit eingeräumt.

Der Wendepunkt ergab sich zwei Monate später bei einem Ateliertreffen, das einen unerwarteten Verlauf nahm. Anstelle der erwarteten Marketingkampagne konfrontierten die Künstler die Unternehmensleitung mit einer fundamentalen Kritik am Produktportfolio: „Hans, wir haben lange über den Auftrag nachgedacht.

Deine Produkte sind einfach nur schlecht. Sie töten wichtige Insekten. Wir wollen nicht, dass Du mit unserer Hilfe mehr von diesen Produkten verkaufst." (Reckhaus, 2017). Deshalb wollten sie keine Verantwortung für eine Absatzsteigerung dieser Produkte übernehmen und schlugen stattdessen eine „Fliegen-Rettungs-Aktion" vor.

Diese Konfrontation führte zu einer bemerkenswerten Selbstreflexion des Geschäftsführers, der eingestand, dass er während seiner fünfzehnjährigen Leitungstätigkeit des 1956 gegründeten Unternehmens niemals die ökologische Bedeutung von Insekten reflektiert hatte. Obwohl fundierte Kenntnisse über negative Wirkungsweisen und Anwendung der Biozide für die Umwelt vorhanden waren, blieb die Frage nach dem Nutzen der bekämpften Organismen unberücksichtigt.

Die künstlerische Intervention fungierte dabei als Katalysator für eine kritische Neubewertung der Geschäftstätigkeit. Sie führte zu einem tiefgreifenden Reflexionsprozess, der in der Entwicklung eines innovativen Geschäftsmodells resultierte. Die durch die Kunstintervention angestoßene Neuorientierung stellt nicht nur die Unternehmensstrategie infrage, sondern formuliert implizit eine Kritik an den etablierten Praktiken der gesamten Branche. Mit der durch die Künstler angeregten Gründung von INSECT-RESPECT wurde Reckhaus sehr erfolgreich. INSECT-RESPECT wurde bereits über 35 Mal national und international ausgezeichnet. 2025 startete der Kinofilm mit dem Titel „Der Unternehmer, das Dorf und die Künstler" in deutschen Kinos.

Zugegeben, Künstler in Unternehmen zu bringen, erfordert Mut. Aber genau um den Mut geht es, wenn man erfolgreiche Schritte in die Zukunft wagen und neues Terrain beschreiten will. Die Beispiele zeigen, dass der Mut der Unternehmen sich auszahlt und zu Erfolg geführt hat.

## 4.3    Kollektive Kreativität: Das HR-Team einer Großbank

Ein weiteres instruktives Beispiel stammt aus meinem Workshop mit Führungskräften der HR-Abteilung einer großen Bank. Das Team wollte folgende Fragen visuell bearbeiten: Wie haben die Mitarbeiter sich zu einem Team gebildet? Was haben wir bisher gemeinsam geschafft? Was verbindet uns? Was wollen wir in Zukunft gemeinsam bewegen?

Obwohl keiner der Teilnehmer über künstlerische Vorerfahrungen verfügte, entstand in gemeinsamer Arbeit ein beeindruckendes Gemälde. Dieser Prozess war in mehrfacher Hinsicht aufschlussreich:

**Entdeckung verborgener Potenziale:** Die Teilnehmer überraschten sich selbst mit ihren kreativen Fähigkeiten.

**Teambildung durch gemeinsames Schaffen:** Der kollektive Schöpfungsprozess stärkte den Zusammenhalt.

**Visualisierung abstrakter Konzepte:** Komplexe Teamdynamiken wurden sichtbar und diskutierbar.

**Identitätsstiftung:** Das entstandene Werk dient als symbolische Referenz für gemeinsame Werte.

Das Bild hängt heute im Foyer der HR-Abteilung – und ist mehr als nur Dekoration. Es ist Symbol, Identifikation, kollektives Gedächtnis, ein visueller Anker und Inspirationsquelle für nachfolgende Teams. Diese Funktion verdeutlicht, wie künstlerische Prozesse organisationale Identität schaffen und stärken können. Das gemeinsame Malen eines Bildes ist auch geeignet als Vorstufe zu co-kreativer Zusammenarbeit zwischen Teams, Abteilungen oder mit Stakeholdern.

## 4.4    Historisches Vorbild: Die Medici in Florenz

Die Idee der Zusammenarbeit zwischen Unternehmern und Künstlern ist keineswegs neu. Ein historisches Paradebeispiel liefert die Medici-Familie im Florenz der Renaissance. Lorenzo di Medici traf sich mit Michelangelo regelmäßigen zum Mittagessen – nicht nur aus Mäzenatentum, sondern auch aus geschäftlichem Kalkül. Er pflegte zudem den Austausch mit anderen Künstlern.

Diese Begegnungen erwiesen sich als außerordentlich fruchtbar für beide Seiten. Michelangelos Weltsicht und künstlerische Perspektiven halfen Lorenzo di Medici, sein Geschäft erfolgreicher zu führen. Gleichzeitig profitierte Michelangelo von den ökonomischen und politischen Einsichten des Bankiers. Es ist sogar durch die Dissertation von Jeannette zu Fürstenberg wissenschaftlich erwiesen, dass Künstler den Erfolg des Familienunternehmens Medici mitverantworteten. Kernthese der Autorin ist: „Die Auseinandersetzung mit künstlerischen Arbeits- und Ausdrucksformen fördert die unternehmerische Innovationsfähigkeit, da zwischen beidem eine innere Verwandtschaft besteht. Dieser These folgt Jeannette zu Fürstenberg, indem sie wirtschaftliche und künstlerische Innovationen der Renaissance untersucht und dabei die Rolle der Medici als Entrepreneurs und als Mäzene herausarbeitet. Aufgrund einer strukturellen Auseinandersetzung mit Prinzipien von Entrepreneurship, Innovation und Kunst zeigt sie, dass das historische Phänomen auch für heutiges Unternehmertum instruktiv sein kann." (zu Fürstenberg, 2012).

Der Buchautor Frans Johansson (2018) prägte für dieses Phänomen den Begriff „Medici-Effekt" und überträgt es auf die heutige Zeit. Große Ideen entstehen durch Vielfalt und an den Schnittstellen zwischen Disziplinen wie Kunst, Architektur, Musik, Literatur – und wo Kunst auf Wirtschaft trifft, Technik auf Emotion, Ratio auf Intuition.

Die wissenschaftliche Analyse der Medici-Praktiken zeigt, dass die Familie ihre außergewöhnlichen Erfolge nicht nur ihrem Geschäftssinn, sondern systematischer interdisziplinärer Zusammenarbeit verdankte. Sie kultivierten bewusst ein Umfeld, in dem unterschiedliche Disziplinen, Kulturen, Mentalitäten und Perspektiven aufeinandertrafen und sich gegenseitig befruchteten.

# Zukunftsperspektiven: Die Kunst der Führung im digitalen Zeitalter 5

## 5.1 Künstliche Intelligenz und menschliche Kreativität

Die zunehmende Verbreitung künstlicher Intelligenz macht menschliche Kreativität noch wichtiger. Während die KI Routineaufgaben übernimmt und sogar komplexe Analysen durchführt, bleiben ursprüngliche Kreativität, emotionale Intelligenz und die Fähigkeit zur Sinnstiftung menschliche Domänen.

Kreative Führung wird in diesem Kontext zum Differenzierungsfaktor:

**Einzigartigkeit:** Menschliche Kreativität bleibt unersetzlich für wirklich innovative Lösungen.

**Empathie:** Künstlerisches Denken schärft die emotionale Intelligenz von Führungskräften.

**Sinnstiftung:** Kreative Ansätze helfen dabei, Arbeit mit Bedeutung und Zweck zu verbinden.

**Adaptabilität:** Künstlerisches Denken fördert die Anpassungsfähigkeit an technologische Veränderungen.

## 5.2 Globalisierung und kulturelle Sensibilität

In einer globalisierten Wirtschaft werden interkulturelle Kompetenzen immer wichtiger. Künstlerische Ansätze können dabei helfen, kulturelle Barrieren zu überwinden:

**Universelle Sprache:** Kunst spricht eine universelle Sprache, die kulturelle Grenzen überwindet. Kunst kennt keine Grenzen.



U. Lehmann, *Creative Leadership*, essentials,
https://doi.org/10.1007/978-3-658-51585-0_5

**Kulturelle Neugierde:** Künstlerisches Denken fördert Offenheit für andere Kulturen.

**Perspektivenvielfalt:** Kreative Ansätze integrieren verschiedene kulturelle Sichtweisen.

**Innovation durch Diversität:** Kulturelle Vielfalt wird als Quelle für Innovation erkannt.

## 5.3   Nachhaltigkeit und gesellschaftliche Verantwortung

Künstlerisch-kreative Führung kann auch zu nachhaltigerem und gesellschaftlich verantwortlicherem Wirtschaften beitragen:

**Langfristiges Denken:** Künstlerische Perspektiven fördern Nachhaltigkeit statt kurzfristiger Gewinnmaximierung.

**Gesellschaftlicher Impact:** Kreative Ansätze berücksichtigen die Auswirkungen auf die Gesellschaft.

**Ethische Reflexion:** Künstlerisches Denken regt ethische Überlegungen an.

**Purpose-driven Leadership:** Sinnorientierte Führung wird zum Wettbewerbsvorteil.

# Organisationale Transformation: Kunst als Kulturwandel

**6**

## 6.1 Von der Effizienz- zur Explorationskultur

Der Übergang zu künstlerischem Denken in Organisationen erfordert einen fundamentalen Kulturwandel. Traditionelle Unternehmen sind oft auf Effizienz und Optimierung ausgerichtet – Eigenschaften, die in stabilen Umgebungen erfolgreich sind, aber in dynamischen Märkten zu Stagnation führen können.

Die Integration künstlerischer Prinzipien schafft eine Explorationskultur, die charakterisiert ist durch:

**Neugier als Triebkraft:** Mitarbeiter werden ermutigt, Fragen zu stellen und Neues zu entdecken.

**Experimentierfreude:** Systematische Tests neuer Ansätze ohne Garantie auf Erfolg.

**Diversity als Stärke:** Bewusste Integration unterschiedlicher Perspektiven und Hintergründe.

**Lernorientierung:** Fokus auf Erkenntnisgewinn statt nur auf Ergebnisse.

## 6.2 Physische Räume als Kreativitätskatalysatoren

Die Gestaltung von Arbeitsräumen spielt eine entscheidende Rolle bei der Förderung künstlerischen Denkens. Sterile Büroumgebungen hemmen oft Kreativität, während inspirierend gestaltete Räume innovative Denkprozesse fördern.


U. Lehmann, *Creative Leadership*, essentials, https://doi.org/10.1007/978-3-658-51585-0_6

Künstler wissen um die Bedeutung von Raum. Ihre Ateliers sind nicht nur Arbeitsstätten, sondern Orte voller Energie, Inspiration und Konzentration. Der Raum wird zum Mitgestalter. Das Gleiche gilt für Unternehmen: Wer Kreativität will, muss Räume schaffen, die sie ermöglichen.

Erfolgreiche Unternehmen investieren bewusst in Arbeitsumgebungen, die Kreativität fördern:

**Flexibilität:** Räume, die sich verschiedenen Arbeitsweisen anpassen lassen.
**Inspiration:** Kunstwerke, ungewöhnliche Objekte und wechselnde Ausstellungen.
**Begegnungszonen:** Bereiche für spontane Interaktionen und Ideenaustausch.
**Rückzugsmöglichkeiten:** Stille Zonen für Reflexion und konzentriertes Arbeiten.

Das bedeutet nicht, dass jedes Büro ein Loft sein muss. Es bedeutet jedoch, dass die Raumgestaltung bewusst erfolgen muss. Farben, Materialien, Licht, Akustik und Einrichtung spielen dabei eine Rolle. Sie beeinflussen unser Denken und Handeln.

Einige Unternehmen nutzen Kunst und Design gezielt, um Kreativität zu fördern. Sie bringen Kunst in die Arbeitsräume, gestalten Lounges als Ideenfabriken oder schaffen Zwischenräume, die zum Nachdenken einladen. Das Ziel ist nicht die ästhetische Verschönerung, sondern die kulturelle Stimulation.

Die physische Umgebung wird Teil der Unternehmenskultur. Sie drückt aus, was für das Unternehmen wichtig ist – was es fördert, toleriert oder unterdrückt.

Künstlerische Führung beinhaltet räumliches Denken. Sie fragt: Welche Räume brauchen Menschen, um sich entfalten zu können? Und wie können wir sie gemeinsam gestalten?

## 6.3    Führungskommunikation: Von Anweisungen zu Inspirationen

Führung ist Kommunikation. Jede Geste, jedes Wort, jedes Schweigen sendet eine Botschaft. In traditionellen Hierarchien bedeutet Kommunikation in erster Linie: Anweisungen geben, Informationen weitergeben, Fehler korrigieren. Sie ist abwärtsgerichtet, linear und direktiv.

Künstlerische Führung definiert Kommunikation neu als kreativen und relationalen Akt. Es geht nicht nur um die Vermittlung von Inhalten, sondern um die Ermöglichung von Verständnis, Resonanz und Bedeutung. Gute Führungskommunikation informiert nicht nur – sie inspiriert. Wo andere Anweisungen geben, laden kreative Führungskräfte ein. Wo andere erklären, wecken sie Emotionen. Wo andere befehlen, inspirieren sie.

Künstlerisch-kreative Führung erfordert eine andere Form der Kommunikation. Statt klarer Anweisungen und detaillierter Vorgaben arbeiten künstlerisch denkende Führungskräfte mit Metaphern, Geschichten und Bildern.

Die Kunst lehrt uns, dass Ausdruck immer Interpretation ist. Dass wir niemals einfach „sagen, was ist", sondern immer durch Sprache gestalten, was werden kann. Künstlerische Führungskräfte nutzen diese Kraft bewusst.

Diese Form der Kommunikation:

**Aktiviert Emotionen:** Bildhafte Sprache spricht auch die emotionale Ebene an.

**Ermöglicht Interpretation:** Lässt Raum für individuelle Auslegung und Kreativität.

**Schafft Bedeutung:** Verbindet rationale Ziele mit persönlichen Werten.

**Inspiriert Handeln:** Motiviert durch Vision statt durch Kontrolle.

Gerade, weil Teams immer diverser werden, ist gute Kommunikation im Team das A und O. Sie ist auch die Voraussetzung für Kreativität. Der Fokus auf Gemeinsamkeiten und ein intensiver Dialog über die Sache sind erste Schritte, um *wicked problems* zu lösen.

Bildende Kunst ist ein sehr geeignetes Mittel, um die Kommunikation und Kreativität zu trainieren und Probleme nachhaltig zu lösen. Die Teammitglieder betrachten gemeinsam mit der Führungskraft Kunstwerke. Sie hören und sehen, was der andere sieht, denkt und sagt. Jeder sieht etwas anderes und gemeinsam sieht man mehr. Man wird sich der Unterschiede im Team gewahr, lernt die Wahrnehmung der anderen wert zu schätzen und zu respektieren. Denn in der Kunst gibt es kein richtig oder falsch. So wird die Multiperspektive in den Raum geholt und schafft einen Resonanzboden für eine gute Zusammenarbeit.

**Ohne gute Kommunikation keine Kreativität!** Respektvolle und wertschätzende Kommunikation führt nachgewiesen zu hoher Motivation.

# Implementierungsstrategien: Der Weg zur künstlerischen Organisation

**7**

## 7.1 Gradueller Kulturwandel

Die erfolgreiche Einführung künstlerischer Führungsprinzipien erfordert einen schrittweisen Ansatz, der die bestehende Organisationskultur respektiert und gleichzeitig Raum für Neues schafft. Hier einige Vorschläge, welche Schritte zur Implementierung der neuen Führungsmethode führen:

**Phase 1 – Sensibilisierung**
- Kunst-Workshops für Führungskräfte
- Museumsbesuche als Teamerlebnis
- Vorträge über Kreativität und Innovation
- Erste experimentelle Projekte in geschützten Räumen

**Phase 2 – Experimentierung**
- Pilotprojekte mit künstlerischen Methoden
- Integration von Künstlern in Produktentwicklung
- Kreativitätsräume in der Arbeitsumgebung
- Förderung interdisziplinärer Teams

**Phase 3 – Integration**
- Verankerung kreativer Prozesse in Standardabläufen
- Anpassung von Leistungskennzahlen und Bewertungssystemen
- Schulung aller Führungskräfte in künstlerischen Methoden
- Etablierung einer Innovationskultur

© Der/die Autor(en), exklusiv lizenziert an Springer Fachmedien Wiesbaden GmbH, ein Teil von Springer Nature 2026
U. Lehmann, *Creative Leadership*, essentials,
https://doi.org/10.1007/978-3-658-51585-0_7

**Phase 4 – Transformation**
- Vollständige Integration künstlerischer Prinzipien
- Selbstverständlicher Umgang mit Unsicherheit und Experimenten
- Kontinuierliche Innovation als Kernkompetenz
- Vorbildfunktion für andere Organisationen

## 7.2 Change Management für künstlerische Transformation

Die Einführung künstlerisch-kreativer Führung erfordert ein sorgfältiges Change Management. Die Mitarbeiter müssen auf eine neue Denk- und Handlungsweise vorbereitet werden. Künstlerische Führung kann nicht einfach von oben verordnet werden – sie muss erlebt, verstanden und unterstützt werden.

Die folgenden Elemente sind für diese Transformation von zentraler Bedeutung:

**Kommunikationsstrategie:** Klare Erklärung der Notwendigkeit und Vorteile künstlerischer Ansätze.

**Stakeholder-Management:** Einbindung aller relevanten Interessensgruppen in den Transformationsprozess.

**Quick Wins:** Frühe Erfolge zur Motivation und Glaubwürdigkeit.

**Widerstandsmanagement:** Professioneller Umgang mit Skeptikern und Bremsern.

Der Wandel hin zu einem Creative Leadership ist in erster Linie keine technische Herausforderung, sondern eine kulturelle und emotionale. Er erfordert, dass Menschen ihre Sicht auf sich selbst und ihre Arbeit ändern. Das kann Ängste und Widerstände hervorrufen – aber auch Hoffnung und Begeisterung.

Die Aufgabe der künstlerisch-kreativen Führung besteht darin, die Menschen bei dieser Transformation zu begleiten: mit Klarheit und Empathie, Struktur und Offenheit, Inspiration und Vertrauen.

## 7.3 Ausbildung und Entwicklung künstlerischer Führungskompetenzen

Die Entwicklung künstlerischer Führungskompetenzen erfordert spezielle Ausbildungsansätze, die sich von traditionellen Managementtrainings unterscheiden:

**Experiential Learning:** Lernen durch praktische künstlerische Erfahrungen statt nur theoretisches Wissen.

**Reflexive Praxis:** Regelmäßige Reflexion über kreative Prozesse und deren Übertragung auf Führungssituationen.

**Mentoring durch Künstler:** Direkter Austausch mit praktizierenden Künstlern als Lernmethode.

**Cross-funktionale Projekte:** Zusammenarbeit zwischen Managern und Kreativen in realen Projekten.

## 7.4  Reframing: Coaching mit Kunst

Um die Mitarbeiter an den Wandel, die damit verbundenen Aufgaben und die Kunst heranzuführen und zu einem neuen, anderen, kreativen Denken zu ermutigen, ist die Coaching-Methode des „Reframings" besonders geeignet.

Kunstwerke sind häufig mit einem Rahmen versehen, um sie von der Wand und dem umliegenden Raum abzuheben, abzugrenzen und den Fokus ganz auf das Bild zu lenken. Wenn ein Kunstwerk neu gerahmt, umgerahmt wird, kann es neu gesehen werden.

Die im Coaching am häufigsten angewendete Methode ist das „Reframing". Es leitet sich vom englischen Wort „frame" ab: Rahmen. Ziel ist es, bestimmte Probleme und Gedanken umzudeuten und ihnen einen neuen Rahmen zu geben. Landsiedel (o. J.) definiert „Reframing" folgendermaßen: „Reframing heißt: etwas umdeuten oder in einen anderen Rahmen stellen, um mit diesem Bedeutungs- oder Perspektivenwechsel einen Wechsel im Erleben der betreffenden Person zu bewirken." Und er führt weiter aus: „Die Bedeutung, die ein Ereignis, eine Aussage, ein Verhalten, ein Glaubenssatz, ein Auslöser, ein Reiz hat, hängt vom Kontext, vom Rahmen ab, in den wir es hineinstellen, den wir ihm geben. Frame ist der Rahmen. Reframing bedeutet, einen neuen Rahmen zu konstruieren, eine neue Bedeutung zu geben. Ein Bild kann in einem neuen Rahmen ganz anders aussehen und anders wirken. Wird ein Problem reframt, dann bekommt dasselbe Ereignis eine neue Bedeutung: Neue Reaktionen und neues Verhalten werden möglich. Reframing bezeichnet den Prozess des Umdeutens, des Einnehmens einer neuen Perspektive, einer neuen Art der Wahrnehmung, einer neuen Interpretation."

Folgende Wirkungen können durch Reframing erzielt werden:

- neuer Blickwinkel und Perspektiverweiterung
- Eröffnung neuer Sichtweisen
- Erweiterung von Möglichkeiten und Handlungsoptionen

- Schaffung von Distanz zu Problemen
- Aufzeigen von Ressourcen
- Entdramatisierung
- innere Entlastung
- Erfahrung von Selbstwirksamkeit

Diese einfache und doch wirksame Methode ist für kreative Prozesse sehr geeignet. Mir ihr können Probleme oder Situationen, die den Innovationen förderlich sind, erkannt und jene, die hinderlich sind, entsprechend umgedeutet und gelöst werden. Siehe hierzu auch die Beispiele von Foerster (o. J.), die Negativsätze wie: Das habe ich noch nie gemacht, ins **Positive kehrt:** Endlich eine Chance, etwas Neues auszuprobieren.

So kann schon auf der Kehrseite der Medaille die Lösung liegen. Das Finden von neuen Wegen und Lösungen sowie das Umdeuten sind die besonders kreativen Anteile der Methode. Kunst und künstlerische Methoden können dabei als Innovationstreiber unterstützend wirken. Die Blauen Reiter haben die Gegenstandsfarbe umgedeutet, Marcel Duchamp hat den Dingen eine neue Funktion gegeben (bzw. sie vom Alltagsgebrauch in eine museale Skulptur überführt), und Picasso und Magritte haben neu kombiniert.

# Praktische Implementierung: Ein Leitfaden für Führungskräfte

8

Künstlerische Führung ist kein vages Ideal – sie lässt sich in konkrete Maßnahmen umsetzen. Der folgende Leitfaden liefert Anregungen, wie Führungskräfte die Prinzipien des Creative Leadership in ihre tägliche Arbeit integrieren können.

## 8.1 Persönliche Entwicklung zur künstlerischen Führungskraft

Der Weg zum Creative Leadership beginnt mit der persönlichen Entwicklung. Führungskräfte können systematisch künstlerische Kompetenzen aufbauen:

**Regelmäßiger Kunstkonsum:** Besuche von Museen, Ausstellungen und Ateliers als fester Bestandteil der persönlichen Weiterbildung.

**Experimentieren ermöglichen:** Experimentieren mit verschiedenen künstlerischen Medien, auch ohne Anspruch auf Perfektion. Pilotprojekte und kleine Tests fördern Innovation. Gut gemanagte Risiken sollten auch im Scheitern anerkannt werden.

**Reflexive Praxis:** Regelmäßige Reflexion über Parallelen zwischen künstlerischen und Führungsprozessen.

**Netzwerk mit Kreativen:** Aufbau persönlicher Beziehungen zu Künstlern und Kreativen.

**Raum für Ideen schaffen:** Zeitliche und räumliche Freiräume fördern kreatives Denken. Meetings können mit offenen Fragen statt festen Agenden beginnen.

**Fragen statt Antworten:** Eine fragende Haltung stärkt Reflexion und Eigenverantwortung. Gute Fragen sind oft wirkungsvoller als schnelle Lösungen.

© Der/die Autor(en), exklusiv lizenziert an Springer Fachmedien Wiesbaden GmbH, ein Teil von Springer Nature 2026
U. Lehmann, *Creative Leadership*, essentials,
https://doi.org/10.1007/978-3-658-51585-0_8

**Künstlerische Methoden nutzen:** Metaphern, Geschichten, Visualisierungen und Rollenspiele eröffnen neue Perspektiven. Künstlerische Impulse wirken inspirierend.

**Vielfalt fördern:** Heterogene Teams und der Austausch mit anderen Branchen, Disziplinen und Kulturen erweitern den Horizont.

## 8.2    Team-Entwicklung durch künstlerische Methoden

Kreatives Denken kann mit konkreten Methoden gefördert und trainiert werden. Viele Kreativitätstechniken stammen direkt aus der Welt der Kunst oder sind von ihr inspiriert. Die folgenden Werkzeuge eignen sich besonders für Führungskräfte und Teams. Die Integration künstlerischer Methoden in die Teamarbeit kann schrittweise erfolgen:

**Kreative Workshops:** Regelmäßige Workshops mit künstlerischen Methoden zur Problemlösung.

**Museumsbesuche als Team:** Gemeinsame Kunst-Erlebnisse zur Stärkung der Teamdynamik. Stichwort: Gemeinsam sieht man mehr.

**Kollaborative Kunstprojekte:** Gemeinsame Gestaltung von Kunstwerken als Team-Building-Maßnahme.

**Künstler als Berater:** Einladung von Künstlern als externe Impulsgeber.

## 8.3    Organisationsentwicklung durch Kunst

Auf organisationaler Ebene können künstlerische Prinzipien systematisch integriert werden:

**Kreativitätsräume:** Gestaltung von Arbeitsräumen, die Kreativität fördern.

**Künstlerische Residenzen:** Einladung von Künstlern für längere Aufenthalte im Unternehmen.

**Interdisziplinäre Projekte:** Systematische Zusammenarbeit zwischen verschiedenen Abteilungen und externen Kreativen.

**Kulturelle Transformation:** Langfristige Veränderung der Unternehmenskultur hin zu mehr Kreativität und Innovation.

# Kreativitätstechniken für Manager: Von der Kunst zur Anwendung  9

## 9.1 Kombinatorische Kreativität: Das Magritte-Prinzip

René Magritte, einer der bedeutendsten Surrealisten, basierte seine Kunst auf einem einfachen, aber wirkungsvollen Prinzip: Er brachte Dinge zusammen, die nicht zusammengehören. Seine berühmten Bilder irritieren den Betrachter durch unerwartete Kombinationen alltäglicher Gegenstände in unmöglichen Kontexten. Eines davon zeigt Männer, die vom Himmel regnen. Ein weiteres zeigt ein Weinglas, in dem eine Giraffe steht (*Das Kristallbad*, 1946). Das Weinglas steht nicht, wie man es aus der Realität kennt, auf dem Tisch, sondern in einer Landschaft. Damit führt er Realitäten ad absurdum und bringt surreale Fantasien ins Bild, die zum Fragen anregen.

Der Surrealismus gewann um die Wende zum 20. Jahrhundert zunehmend an Bedeutung. Auch wenn es einige Zeit dauerte, bis er breite Anerkennung fand, entwickelte er sich bald zu einer der einflussreichsten Bewegungen der Moderne. Angesichts des tiefgreifenden gesellschaftlichen Wandels – dem Ende des viktorianischen Zeitalters, dem Aufbruch in ein neues Jahrhundert und den bevorstehenden Erschütterungen zweier Weltkriege – begannen viele Künstler, das Alltägliche infrage zu stellen. Sie suchten im Unbewussten, im Traumhaften und Absonderlichen nach neuen Ausdrucksformen, um die Wirklichkeit auf radikale Weise neu zu deuten. Eines der bekanntesten Werke von René Magritte, *Golconda* (französisch *Golconde,* 1953), verkörpert diese Idee auf eindrucksvolle Weise: Gleichförmige Männer in dunklen Anzügen und mit Melone scheinen schwerelos vom Himmel zu „regnen" – ein Bild zwischen Magie und Monotonie, das unsere Wahrnehmung von Realität auf den Kopf stellt.


U. Lehmann, *Creative Leadership*, essentials,
https://doi.org/10.1007/978-3-658-51585-0_9

Diese Technik der kombinatorischen Kreativität ist sehr effizient lässt sich direkt auf Geschäftsinnovationen übertragen. Erfolgreiche Produktinnovationen entstehen oft durch die Verbindung scheinbar unzusammenhängender Bereiche:

LEGO und Adidas gingen eine Kollaboration ein. Sie kombinierten Spielzeug und Sport und schufen damit neue Produktkategorien und Zielgruppen. Bedeutend ist hier ein Sneaker für Kinder, der Legosteine beinhaltet und auch das Profil der Sohle den Legosteinen nachempfunden wurde.

Apple verband Technologie mit Design und revolutionierte damit die gesamte Elektronikindustrie. Tesla kombinierte Automobilbau mit Softwareentwicklung und definierte Mobilität neu.

Die systematische Anwendung des Magritte-Prinzips erfordert:

**Bewusste Grenzen überschreiten:** Aktive Suche nach Verbindungen zwischen unterschiedlichen Bereichen. Synergieeffekte schaffen durch Co-Kreation zwischen verschiedenen Firmen, Abteilungen oder Stakeholdern wie Kunden und Nutzer. Dieser kollaborative Ansatz fördert Innovation durch offene Zusammenarbeit auf Augenhöhe, wobei vielfältige Perspektiven und Expertenwissen einfließen, um bessere Ergebnisse als allein zu erzielen.

**Unmögliches denken:** Hinterfragung vermeintlich selbstverständlicher Annahmen.

**Perspektivwechsel:** Betrachtung von Problemen aus völlig anderen Blickwinkeln.

**Experimentelle Offenheit:** Bereitschaft, unkonventionelle Lösungen zu testen.

## 9.2    Reduktion als Innovation: Inspiration durch Picasso

Picassos berühmte Stier-Serie *Huit états du taureau* (1945–46) (Musée du Picasso, Paris) demonstriert ein weiteres mächtiges Kreativitätsprinzip: die progressive Reduktion. Über acht Lithographien hinweg reduzierte Picasso die realistische Darstellung eines Stiers auf immer weniger Linien, bis am Ende nur noch die Essenz des Tieres durch eine Umrisslinie übrig blieb.

Steve Jobs erkannte das Potenzial dieser Kunst des Weglassens und zeigte die Stier-Serie in der Apple-Akademie mit der Frage: „Wie viel kann man bei einer Fernbedienung weglassen, ohne das Wesentliche zu verlieren?" Diese Denkweise führte zum minimalistischen Design der Apple-Produkte, das zur Marken-DNA wurde. Die Fernbedienung von Apple unterschied sich von denen der Konkurrenz durch sehr wenige Bedienfelder und ästhetischem Design. Weniger ist mehr!

Die Anwendung der Abstraktion als Reduktionsmethode in Führungskontexten ermöglicht:

**Fokussierung:** Identifikation der wirklich wichtigen Elemente.
**Vereinfachung:** Elimination unnötiger Komplexität. Reduktion auf das Wesentliche.
**Klarheit:** Verstärkung der wesentlichen Botschaften.
**Eleganz:** Entwicklung schöner, einfacher Lösungen.

## 9.3    Transformation: Von den Expressionisten lernen

Die Expressionisten revolutionierten die Kunst, indem sie die naturgetreue Wiedergabe zugunsten emotionaler Ausdruckskraft aufgaben. Franz Marc zum Beispiel malte blaue Pferde und gelbe Kühe – nicht, weil er die Realität falsch wahrnahm, sondern weil er eine neue Realität schaffen wollte. Der Expressionismus stellte sich bewusst gegen die naturgetreue Darstellung und war vor allem dadurch geprägt, die Empfindungen der Künstler in einem individuellen Stil zum Ausdruck zu bringen.

Diese Transformationsstrategie ist hochrelevant für Geschäftsinnovationen. Ein Manager, den ich mit seinem Team begleitete, eine Expressionisten-Ausstellung zu besuchen, kommentierte spontan: „Ich werde jetzt auch die Farben meiner Produkte verändern!" Das Kunstwerk hatte bei ihm räsoniert und zu neuen Ideen geführt.

Transformation als Führungsprinzip bedeutet:

**Konventionen hinterfragen:** Warum wird etwas auf eine bestimmte Weise gemacht?
**Neue Realitäten schaffen:** Entwicklung innovativer Alternativen zum Status quo.
**Emotionale Dimension berücksichtigen:** Integration von Gefühlen und Ästhetik in rationale Prozesse.
**Mut zur Veränderung:** Bereitschaft, etablierte Muster zu durchbrechen.

# Messung und Bewertung künstlerischer Führung

**10**

## 10.1 Die Herausforderung der Quantifizierung

Die Bewertung künstlerischer Führungsansätze stellt Organisationen vor besondere Herausforderungen. Traditionelle Leistungskennzahlen (KPIs) sind oft ungeeignet, um die Qualität kreativer Prozesse oder innovativer Potenziale zu messen.

Dennoch lassen sich durchaus Indikatoren für den Erfolg künstlerischer Führung identifizieren:

**Innovationsmetriken:** Anzahl und Qualität neuer Ideen, Patentanmeldungen, Produktinnovationen.

**Kulturindikatoren:** Mitarbeiterzufriedenheit, wenig bis keine Fluktuation, weniger Krankenstand, Motivation der Mitarbeiter, Employer Branding.

**Anpassungsfähigkeit:** Reaktionsgeschwindigkeit auf Marktveränderungen, Flexibilität bei Strategieanpassungen.

**Kollaborationsqualität:** Teamdynamik, interdisziplinäre Zusammenarbeit, Wissensaustausch.

## 10.2 Langfristige versus kurzfristige Effekte

Künstlerische Führungsansätze zeigen oft erst langfristig ihre volle Wirkung. Während kurzfristig möglicherweise Effizienzeinbußen auftreten, können mittel- und langfristig erhebliche Vorteile entstehen:

© Der/die Autor(en), exklusiv lizenziert an Springer Fachmedien
Wiesbaden GmbH, ein Teil von Springer Nature 2026
U. Lehmann, *Creative Leadership*, essentials,
https://doi.org/10.1007/978-3-658-51585-0_10

**Kurzfristige Herausforderungen**
- Erhöhte Komplexität in Entscheidungsprozessen
- Mögliche Produktivitätseinbußen während der Umstellung
- Widerstand gegen Veränderungen
- Höhere Investitionen in Schulung und Kulturwandel

**Langfristige Vorteile**
- Gesteigerte Innovationskraft und Wettbewerbsfähigkeit
- Höhere Mitarbeitermotivation und -bindung
- Bessere Anpassungsfähigkeit an Marktveränderungen
- Stärkere Unternehmenskultur und -identität

## 10.3 Balanced Scorecard für künstlerische Führung

Die Integration künstlerischer Führungsprinzipien in bestehende Bewertungssysteme erfordert erweiterte Kennzahlensysteme. Eine modifizierte Balanced Scorecard könnte folgende Dimensionen umfassen:

**Finanzperspektive:** Traditionelle Kennzahlen ergänzt um Innovationsrendite und Investitionen in Kreativität.

**Kundenperspektive:** Kundenzufriedenheit mit innovativen Produkten, Markenwahrnehmung, Differenzierung.

**Prozessperspektive:** Effizienz kreativer Prozesse, Time-to-Market bei Innovationen, Ideenmanagement.

**Lern- und Entwicklungsperspektive:** Kreativitätstrainings, interdisziplinäre Kompetenzen, kulturelle Transformation.

# Messbare Erfolge: Empirische Belege für künstlerische Führung 11

## 11.1 Quantitative Studien zur Wirksamkeit von Diversität für Innovationen

Eine empirische Studie von Boston Consulting Group (BCG) (2018) belegt die Wirksamkeit einer Vielfalt im Team für Inovationen: Lorenzo et al. (2018) schreiben in ihrer Analyse: Die „aktuelle BCG-Studie legt nahe, dass eine größere Vielfalt in Führungsteams zu mehr und besseren Innovationen und einer verbesserten finanziellen Performance führt. (…)

Die wichtigste Erkenntnis, die wir gewonnen haben, ist eine starke und statistisch signifikante Korrelation zwischen der Diversität von Führungsteams und der Innovationskraft insgesamt. Unternehmen, die eine überdurchschnittliche Diversität in ihren Führungsteams angaben, erzielten auch einen um 19 Prozentpunkte höheren Innovationsumsatz als Unternehmen mit einer unterdurchschnittlichen Diversität in der Führungsebene – 45 % des Gesamtumsatzes gegenüber nur 26 %. (…) Es überrascht nicht, dass diese Unternehmen auch eine bessere finanzielle Gesamtleistung verzeichneten: Ihre EBIT-Margen lagen um 9 Prozentpunkte über denen von Unternehmen mit einer unterdurchschnittlichen Vielfalt in ihren Managementteams. (…)

Für Unternehmensleiter ist dies ein klarer Weg zu einer innovativeren Organisation. Menschen mit unterschiedlichen Hintergründen und Erfahrungen sehen dasselbe Problem oft aus unterschiedlichen Blickwinkeln und entwickeln unterschiedliche Lösungen, wodurch die Wahrscheinlichkeit steigt, dass eine dieser Lösungen ein Erfolg wird. In einem sich schnell verändernden Geschäftsumfeld sind Unternehmen dank dieser Reaktionsfähigkeit besser in der Lage, sich anzupassen. (….)

© Der/die Autor(en), exklusiv lizenziert an Springer Fachmedien Wiesbaden GmbH, ein Teil von Springer Nature 2026
U. Lehmann, *Creative Leadership*, essentials,
https://doi.org/10.1007/978-3-658-51585-0_11

Dieses Argument war schon immer intuitiv einleuchtend, und jetzt haben wir einige überzeugende Korrelationen, die dieses Argument untermauern. (...)

Unternehmen, die die Initiative ergreifen und die Vielfalt ihrer Führungsteams aktiv erhöhen – über alle Dimensionen der Vielfalt hinweg und mit den richtigen fördernden Faktoren –, erzielen bessere Ergebnisse. Diese Unternehmen finden unkonventionelle Lösungen für Probleme und generieren mehr und bessere Ideen, wobei die Wahrscheinlichkeit größer ist, dass einige davon zu erfolgreichen Produkten und Dienstleistungen auf dem Markt werden. Infolgedessen übertreffen sie ihre Mitbewerber finanziell."

Im Zuge dieser Erkenntnis ist es hilfreich, diverse Teams aufzubauen und Vielfalt als Chance zu sehen.

## 11.2   Qualitative Erfolgsfaktoren

Neben quantitativen Messgrößen zeigen sich qualitative Verbesserungen:

**Erhöhte Mitarbeiterzufriedenheit:** Teams mit künstlerischen Führungsansätzen berichten von höherer Arbeitszufriedenheit.

**Verbesserte Kommunikation:** Künstlerische Methoden fördern offenere und kreativere Kommunikation.

**Stärkere Innovationskultur:** Organisationen entwickeln eine systematischere Herangehensweise an Innovation.

**Bessere Anpassungsfähigkeit:** Unternehmen reagieren flexibler auf Marktveränderungen.

## 11.3   Return on Investment für Kreativitätsprogramme

Auch der finanzielle Nutzen künstlerischer Führungsansätze lässt sich nachweisen:

**Innovationsrendite:** Höhere Erfolgsquote bei Produktinnovationen und kürzere Entwicklungszeiten.

**Talentakquise:** Bessere Positionierung im Wettbewerb um kreative Talente.

**Markenwahrnehmung:** Stärkere Differenzierung und positivere Markenwahrnehmung.

**Langfristige Wettbewerbsfähigkeit:** Nachhaltige Stärkung der Innovationskraft.

# Grenzen und Kritikpunkte der Creative Leadership-Strategie

**12**

Kein Konzept ist immun gegen Kritik – und das ist gut so. Auch künstlerisch-kreative Führung hat ihre Grenzen und Herausforderungen. Es ist wichtig, diese ehrlich und konstruktiv anzugehen.

## 12.1 Keine universelle Lösung

Creative Leadership ist kein Allheilmittel. Es kann und sollte nicht alle anderen Formen der Führung ersetzen. In stark regulierten Bereichen wie der Luftfahrt, der Medizin oder der Kernenergie sind klare Strukturen und Verfahren unverzichtbar. Hier muss kreative Freiheit sorgfältig gegen Sicherheit und Verantwortung abgewogen werden.

## 12.2 Risiko von Missverständnissen

„Künstlerisch" bedeutet nicht willkürlich oder chaotisch. Manchmal wird das Konzept missverstanden und so verstanden, dass alles erlaubt ist. Künstlerische Führung erfordert jedoch Disziplin, Klarheit und Professionalität. Es geht nicht um Launenhaftigkeit, sondern um kreative Verantwortung.

© Der/die Autor(en), exklusiv lizenziert an Springer Fachmedien Wiesbaden GmbH, ein Teil von Springer Nature 2026
U. Lehmann, *Creative Leadership*, essentials,
https://doi.org/10.1007/978-3-658-51585-0_12

## 12.3 Kultureller Widerstand

In einigen Organisationen kann die Hinwendung zu Kreativität und Ambiguitätstoleranz Ängste und Abwehrhaltungen auslösen. Dies gilt insbesondere dort, wo Leistungskulturen stark hierarchisch oder angstbasiert sind. In solchen Fällen ist künstlerische Führung mit Feingefühl und Sorgfalt einzuführen.

## 12.4 Mangelnde Fachkenntnisse

Führungskräfte sind keine Künstler – und das müssen sie auch nicht sein. Sie müssen auch nichts von Kunst verstehen Die Anwendung künstlerischer Methoden und die Entwicklung zum Creative Leadership erfordert jedoch Schulung und Anleitung. Ohne angemessene Unterstützung kann der Ansatz oberflächlich oder erzwungen wirken. Deshalb ist die Zusammenarbeit mit einem fachkundigen Coach ratsam.

## 12.5 Strukturelle Herausforderungen

Die Implementierung künstlerischer Führungsprinzipien stößt in etablierten Organisationen oft auf strukturelle Widerstände:

**Hierarchische Strukturen:** Traditionelle Hierarchien können kreative Prozesse behindern.

**Risikoaversion:** Konservative Unternehmenskulturen sind oft nicht bereit, die Unsicherheit künstlerischer Prozesse zu akzeptieren.

**Kurzfristiger Erfolgsdruck:** Börsennotierte Unternehmen stehen unter Quartalsdruck, der langfristige kreative Entwicklungen erschwert.

**Ressourcenknappheit:** Kreative Prozesse erfordern Zeit und Investitionen ohne garantierte Erträge.

## 12.6 Branchen- und kontextspezifische Einschränkungen

Nicht alle Geschäftsbereiche eignen sich gleichermaßen für künstlerische Führungsansätze. In hochregulierten Branchen oder sicherheitskritischen Bereichen können zu viel Kreativität und Experimentierfreude kontraproduktiv oder sogar gefährlich sein:

**Regulierte Industrien:** Banken, Pharma oder Luftfahrt unterliegen strengen Vorschriften, die Kreativität einschränken können.

**Sicherheitskritische Bereiche:** In der Medizin oder im Ingenieurswesen können „kreative" Abweichungen von Standards lebensbedrohlich sein.

**Kostenintensive Branchen:** In der Schwerindustrie sind Experimente oft mit hohen finanziellen Risiken verbunden.

## 12.7 Psychologische Barrieren

Die Transformation zu künstlerischem Denken kann bei Führungskräften und Mitarbeitern auf psychologische Widerstände stoßen:

**Kontrollverlust:** Manager, die gewohnt sind zu kontrollieren, können sich durch künstlerische Ansätze verunsichert fühlen.

**Imposter-Syndrom:** Mitarbeiter können sich überfordert fühlen, wenn sie plötzlich kreativ sein sollen.

**Perfektionismus:** Tief verwurzelte Perfektionsansprüche behindern die Akzeptanz von Fehlern und Experimenten.

Trotz dieser Einschränkungen bietet die Creative Leadership-Strategie wertvolle Impulse. Es geht nicht darum, das Geschäft zu ästhetisieren oder Manager zu Malern zu machen, sondern darum, Führung mit neuen Qualitäten zu bereichern: Vorstellungskraft, Empathie, Mut und die Bereitschaft, das Unbekannte zu gestalten.

# Fazit: Die künstlerische Führung als Erfolgsmodell in Zeiten des disruptiven Wandels

**13**

Die Creative Leadership-Strategie ist mehr als eine Management-Mode – sie ist eine notwendige Antwort auf die Herausforderungen des 21. Jahrhunderts. In einer Welt, die von Unsicherheit, Komplexität und rapidem Wandel geprägt ist, bieten Sie als *Creative Leader* entscheidende Vorteile:

Sie ermöglichen es Organisationen, mit Ungewissheit produktiv umzugehen, statt sie zu vermeiden. Sie fördern echte Innovation statt nur inkrementeller Verbesserungen. Sie schaffen Kulturen der Kreativität und des Experiments. Sie bereiten sich und ihre Mitarbeiter auf eine Zukunft vor, in der Anpassungsfähigkeit wichtiger ist als Effizienz.

## 13.1  Die Transformation der Führungsrolle

Manager der Zukunft werden weniger Kontrolleure und mehr Ermöglicher sein. Sie werden weniger planen und mehr gestalten. Sie werden weniger verwalten und mehr inspirieren. Diese Transformation erfordert neue Kompetenzen, die sich am besten durch die Integration künstlerischer Prinzipien entwickeln lassen.

Der Weg zum Creative Leadership ist dabei nicht linear oder vorhersagbar – genau wie ein kreativer Prozess. Er erfordert Mut zum ersten Strich, Bereitschaft zum Experimentieren und die Fähigkeit, aus Fehlern zu lernen. Aber er bietet auch die Chance, Führung neu zu erfinden und Organisationen zu schaffen, die nicht nur erfolgreich, sondern auch sinnstiftend und inspirierend sind. Nicht zuletzt wird mit dem Erlernen des Creative Leaderships auch die eigene Selbstwirksamkeit unterstützt und das Selbstvertrauen gestärkt.

© Der/die Autor(en), exklusiv lizenziert an Springer Fachmedien Wiesbaden GmbH, ein Teil von Springer Nature 2026
U. Lehmann, *Creative Leadership*, essentials,
https://doi.org/10.1007/978-3-658-51585-0_13

Dabei scheint die Verbindung von linker und rechter Gehirnhälfte, von Ratio und Intuition, von Exeltabelle und Pinsel, von Planung und Prozess eine zukunftsweisende Methode zu sein.

## 13.2    Der Aufruf zur künstlerischen Revolution

Joseph Beuys' Vision, dass jeder Mensch ein Künstler ist, gewinnt in der modernen Arbeitswelt neue Relevanz. Es geht nicht darum, dass alle Manager malen lernen müssen. Es geht darum, die kreativen Potenziale zu entdecken und zu entwickeln, die in jedem Menschen schlummern.

Die Zukunft gehört nicht den Kontrollierenden, sondern den Gestaltenden. Den Neugierigen statt den Ängstlichen. Den Mutigen statt den Vorsichtigen. Die Zukunft gehört denen, die sich trauen, Künstler zu sein – in ihrem Denken, in ihrer Führung, in ihrer Vision für die Welt.

Die Renaissance der Führung hat bereits begonnen. Unternehmen wie Bosch und Reckhaus zeigen, dass die Integration künstlerischer Prinzipien nicht nur möglich, sondern auch profitabel ist. Historische Vorbilder wie die Medici-Familie beweisen, dass die Zusammenarbeit zwischen Kunst und Wirtschaft zu außergewöhnlichen Erfolgen führen kann.

Die Frage ist nicht, ob diese Transformation kommen wird – sie ist bereits im Gange. Die Frage ist, welche Führungskräfte dabei sein werden, wo Zukunft entsteht, und welche weiterhin an überholten Managementpraktiken festhalten.

Daher heißt es: Die Künstlerbrille aufsetzen. Den ersten Strich wagen. Zum Picasso der eigenen Organisation werden – abseits davon, ein Genie zu werden. Die Leinwand ist gespannt. Die Farben sind bereit. Es ist Zeit, das Meisterwerk künstlerisch-kreativer Führung zu erschaffen – ein Kunstwerk, das nicht nur schön anzusehen ist, sondern auch die Welt verändert. Kunst macht glücklich. Künstlerisch-kreative Führung auch.

# Was Sie aus diesem *essential* mitnehmen können

- Dieses Buch zeigt Ihnen, warum klassische Managementmethoden in einer Welt voller Unsicherheit und Komplexität nicht mehr ausreichen – und wie Sie im Dreischritt mit Kunst, Künstlern in Unternehmen und eigenem künstlerischen Denken neue Wege eröffnen können.
- Sie lernen, warum Mut, Neugier und Experimentierfreude entscheidende Führungsqualitäten sind und wie Sie diese in Ihrem Alltag entwickeln.
- Die *Creative Leadership-Strategie* vermittelt Ihnen praxisnahe Methoden, die Kreativität als Kraftquelle nutzen.
- Sie entdecken, wie Fehler zu Lernchancen werden, wie Räume für Innovation entstehen und wie Führung durch Inspiration statt Kontrolle gelingt.
- Am Ende nehmen Sie eine neue Haltung mit: die Fähigkeit, Unsicherheit nicht als Bedrohung, sondern als kreativen Möglichkeitsraum zu sehen – und Führung als Kunst zu begreifen, die Menschen bewegt, Ideen beflügelt und Wandel gestaltet.
- Sie werden ein Creative Leader und gehen als Vorbild voran, um Innovationen zu ermöglichen.

© Der/die Herausgeber bzw. der/die Autor(en), exklusiv lizenziert an Springer Fachmedien Wiesbaden GmbH, ein Teil von Springer Nature 2026
U. Lehmann, *Creative Leadership*, essentials,
https://doi.org/10.1007/978-3-658-51585-0

# Literatur


Anders, J. (2016, 5. April). *Wir müssen Fehler machen dürfen!* **Lean**Magazin. https://lean-base.de/publishing/post/wir-mussen-fehler-machen-durfen.

Anonym. (2017). *In conversation with the author.*

Bodenmann-Ritter, C. (1992). *Joseph Beuys. Jeder Mensch ist ein Künstler.* Ullstein.

Brater, M., & von Hoyningen-Huene, A. (2017). Wenn Management Kunst wird. In U. Lehmann (Hrsg.), *Wirtschaft trifft Kunst. Warum Kunst Unternehmen gut tut* (S. 143–169). Springer Gabler.

Bundesverband der Deutschen Industrie e. V. (BDI) & Roland Berger Holding GmbH & Co. KgaA. (Hrsg.). (2024). Innovationsindikator 2024. https://innovationsindikator.bdi.eu/#scrollpoint03.

Csikszentmihalyi, M. (2014). *FLOW und Kreativität.* Klett Cotta.

Deutsche Industrie und Handelskammer (DIHK). (2023). Innovationsreport 2023. https://www.dihk.de/de/themen-und-positionen/wirtschaft-digital/innovation/dihk-innovationsreport-2023-104272.

Dpa/ta. (2007, 21. Juni). *Zerstörter Holzturm jetzt noch wertvoller.* Welt. https://www.welt.de/kultur/article962683/Zerstoerter-Holzturm-jetzt-noch-wertvoller.html. 3M. *15% Regel.* https://www.3mdeutschland.de/3M/de_DE/karriere/kultur/15-prozent-regel/.

Elger, D. (2002). *Gerhard Richter – Maler.* DuMont.

Foerster, C. (o. J.): *Wie du mit Reframing einen Perspektivwechsel schaffst.* https://www.christofoerster.com/reframing-perspektivwechsel.

Geers, M., & Drescher, T. (Wimmelforschung). (2017). Platform 12 – Ein Eingriff ins Gesamtsystem. In U. Lehmann (Hrsg.), *Wirtschaft trifft Kunst. Warum Kunst Unternehmen gut tut* (S. 557–581). Springer Gabler.

Geschwill, R. (2015). *Der Rhythmus der Innovation. Was Manager von Künstlern lernen können.* Springer Gabler.

Gompertz, W. (2015). *Denken wie ein Künstler.* DuMont.

Holzwarth, C. (2017). *Interview: Die Top-Herausforderungen für Manager in der Arbeitswelt 4.0.* Employland. https://blog.employland.de/herausforderungen-management-fuehren-arbeitswelt-4-0/.

Holzwarth, C. (2023). *Führung in der VUCA-Welt: Neue Ansätze für komplexe Zeiten.* Vahlen.

Hütte, A. (2025, 27. April). In einem Künstlergespräch mit Julia Wallner. Arp Museum Remagen.

ICS Intelligent Change Solutions GmbH. (2025). *Theorie U.* https://mychange.solutions/toolbox/theorie-u/.

Johanssen, F. (2018). *Der Medici-Effekt.* Plassen.

Kienbaum Consultants International GmbH & Klitschko Ventures GmbH. (2021). *Die MU-Tation der Arbeitswelt.* Kienbaum.

Landsiedel, S. (o. J.). *Reframing.* https://www.landsiedel-seminare.de/nlp-bibliothek/practitioner/p-05-00-reframing.html.

Lehmann, U. (2017). (Hrsg.). *Wirtschaft trifft Kunst. Warum Kunst Unternehmen gut tut.* Springer Gabler.

Lehmann, U. (2023). Kunst als Nährboden für Innovationen. In K.-M. Ahrend & K. Redmann (Hrsg.), *Innovationsökosysteme. Netzwerke nutzen und Innovationskraft steigern* (S. 511–532). Schäffer Poeschel.

Leibniz-Zentrum für Europäische Wirtschaftsforschung GmbH (ZEW). (2024). *Innovationen in der Deutschen Wirtschaft. Indikatorenbericht zur Innovationserhebung.* https://ftp.zew.de/pub/zew-docs/mip/24/mip_2024.pdf?v=1737618665.

Lorenzo, R., Voigt, N., Tsusaka, M., Krentz, M., & Abouzahr, K. (2018, 23. Januar). *How Diverse Leadership Teams Boost Innovation.* Boston Consulting Group (BCG). https://www.bcg.com/publications/2018/how-diverse-leadership-teams-boost-innovation.

Naughton, C. (2016). *Neugier. So schaffen Sie Lust auf Neues und Veränderung.* Econ.

Naughton, C., & Steinle, A. (2020). *Zukunftsmut.* Gabal.

Picasso, P. (1998/2015). *Propos sur l'art.* Édition de Marie-Laure Bernardac et Androula Michael. Gallimard

Picasso, P. (o. J.). *Zitate.* In Kunstzitate. http://www.kunstzitate.de/bildendekunst/kuenstlerueberkunst/picasso_pablo.htm.

Picasso, P. (o. J.). *Zitate.* In T. Egem (Hrsg.), *30 inspirierende Zitate über Kunst &* Kreativität. https://marakreativstudio.de/zitate-ueber-kunst-und-kreativitaet/.

Picasso, P. (1988). In D. Keel (Hrsg.), *Pablo Picasso. Über Kunst,* Diogenes.

Pink, D. H. (2006). *A Whole New Mind: Why Right-Brainers Will Rule the Future.* Riverhead Books.

Reckhaus, H.-D. (2017). Umdenken! In U. Lehmann (Hrsg.), *Wirtschaft trifft Kunst. Warum Kunst Unternehmen gut tut* (S. 541–555). Springer Gabler.

Sandberg, B., & Frick-Islitzer, D. (2018). *Die Künstlerbrille. Was und wie Führungskräfte von Künstlern lernen können.* Springer Gabler.

Scharmer, C. O. (2020). *Theorie U – Von der Zukunft her führen.* Carl-Auer.

Schweickhardt, A. (2025, Juni). Tutorial Komplexitätsbereitschaft entwickeln. *managerSeminare 327.* https://www.managerseminare.de/ms_Artikel/Tutorial-Komplexitaetsbereitschaft-entwickeln,285485.

Spies, W. (1988). *Max Ernst – Collagen.* DuMont.

Städel Museum. (2019). *Wandtexte zur Ausstellung Picasso. Druckgrafik als Experiment.* https://newsroom.staedelmuseum.de/system/files_force/field/file/2019/st_presse_picasso_wandtexte.pdf.

Szporer, P. (2020, Juni). *Die Form der Dinge, die da kommen.* Goethe. https://www.goethe.de/prj/mis/de/sch/21900274.html.

von Mutius, B. (2016, 15.04.). *Wir müssen mit Disruptionen umgehen lernen*. TV-Beitrag. managerSeminare. https://www.managerseminare.de/managerSeminare_TV/Bernhard-von-Mutius-Wir-muessen-mit-Disruptionen-umgehen-lernen,244805.

WeiWei, Ai. (2017, 21.06.). In: *Welt*. https://www.welt.de/kultur/article962683/Zerstoerter-Holzturm-jetzt-noch-wertvoller.html.

Wikipedia. *Null-Fehler-Strategie*. https://de.wikipedia.org/wiki/Null-Fehler-Strategie.

World Economic Forum. (2025). *Future of Jobs Report 2025*. Chapter 3. https://es.weforum.org/publications/the-future-of-jobs-report-2025/in-full/3-skills-outlook/#3-skills-outlook.

Wüntsch, O. (2015). *Theorie U: Von der Zukunft her führen*. https://redplane.de/blog/theorie-u-presencing.

Zohar, D. (2020, April–Juni). Am Rande des Chaos. *Edition brand eins* (8), 26–29.

zu Fürstenberg, J. (2012). *Die Wechselwirkung zwischen Unternehmerischer Innovation und Kunst. Eine Wissenschaftliche Untersuchung in der Renaissance und am Beispiel der Medici*. Springer Gabler.